# 八正道

（斯里兰卡）德宝法师　著
赖隆彦　译

海南出版社
·海口·

**Eight Mindful Steps to Happiness**
by Bhante Henepola Gunaratana


版权合同登记号：图字：30-2024-109 号

图书在版编目 (CIP) 数据

八正道 /( 斯里 ) 德宝法师著；赖隆彦 译 . -- 海口：海南出版社，2009. 11 (2024. 12 重印 ).
书名原文：Eight Mindful Steps to Happiness
ISBN 978-7-5443-3121-0

Ⅰ . 八… Ⅱ . ①德…②赖… Ⅲ . 佛教—宗教仪式 Ⅳ .B945

中国版本图书馆 CIP 数据核字 (2009) 第 161303 号

**八正道**
BA ZHENGDAO

作　　者：( 斯里兰卡 ) 德宝法师 (Bhante Henepola Gunaratana)
译　　者：赖隆彦
责任编辑：张　雪
责任印制：郄亚喃
印刷装订：三河市祥达印刷包装有限公司
读者服务：唐雪飞
出版发行：海南出版社
总社地址：海口市金盘开发区建设三横路 2 号 邮编：570216
北京地址：北京市朝阳区黄厂路 3 号院 7 号楼 101 室
电　　话：0898-66812392　010-87336670
电子邮箱：hnbook@263.net
经　　销：全国新华书店
出版日期：2009 年 11 月第 1 版　2024 年 12 月第 15 次印刷
开　　本：787mm × 1092mm　1/16
印　　张：17.5
字　　数：230 千
书　　号：ISBN 978-7-5443-3121-0
定　　价：52.00 元

# 目 录

## 第二章　正思维

修习正思维，能帮助我们检视日常生活中幻想、恐惧、妄想等不健康的思维模式，而能以放舍、慈爱与悲悯等善念，断除执着、嗔恨与残酷等恶念，走上安乐之道。



## 第三章　正语

修习正语，能帮助我们断除妄语、两舌、恶口与绮语等说话的坏习惯，而说真实的、向上提升的、和善的、中肯的语言，快乐便会在和谐的关系中生起。

## 第四章　正业

我们遵守符合道德原则的五戒，就不会去造作杀生、偷盗等恶行，避免憎恨、恐惧等所导致的残酷与暴力循环，使内心获得平静。



## 第五章　正命

我们从事不会妨碍心灵成长，或造成他人伤害的所有工作，让自己能保持平静与安稳，我们就可利益自己与他人，在觉者的安乐之道上禅修与前进。



## 第六章　正精进

勇猛精进地训练自己，把正精进运用在防止未生的恶法、断除已生的恶法、修习未生的善法、维持已生的善法上，便能为我们带来断恶修善的快乐。

## 第七章　正念

时时刻刻注意当下，保持觉知。让我们以内在的慧眼，清晰而不扭曲地如实洞见事物，发现一切事物与众生皆依因缘而存在，并无恒常的实体，没有什么可执着或憎恶，我们便能放松地进入完全安心与快乐之中。



## 第八章　正定

当心集中于随意识生起的任何事物时，正定帮助我们突破对象的表象，清楚认知它们的无常、苦与无我。看见这三法印时，我们的贪、嗔、痴烦恼都将永远消失，达到觉悟的究竟快乐。

## 结语　觉者的承诺

我们无须精通一个步骤才能移往下个步骤，这条道路更像是螺旋状的。当你启程时，对所有八个步骤都有一定程度的了解，当持续练习时，这些步骤会在你心中变得愈来愈清晰。

【推荐序】

# 对自己的快乐负起责任

释自鼐

这是个快速多元发展的时代：有科技物质文明的进步，复杂的民主机制，多重交织的人际关系，泛滥的消费文化等。和过去任何时代的前人相较，现代人在精神、心理和物质方面，显然有更多选择的权利；然而，选择机会多，要承担不确定后果的责任就更多。对现代人而言，终身学习固然是必要的，但学习的重点，不再只是累积知识，更重要的是让自己的选择带来最大的意义，即自己和他人能得到幸福和快乐。

这似乎是个很空泛的目标，却又很平凡。最近，一位朋友与我分享她的醒悟："如果我希望别人善待我，但是我只待在我这边，等着对方先付出，我可能要一直期盼下去，继续自怜自艾……"停顿一会，她继续说："但我最近懂了，我不如直接走向对方，到她前面表达我的友善，给她我想从她身上得到的……"她的眼神望着远方后，笃定地说："我走向前，不是为了她，而是对我自己的快乐负起责任。"

在《八正道》一书中，作者吁请现代人，对自己的快乐负起责任，走向微笑解脱；学习获得真正的自由和快乐。于是，一开始作者便不断地唤醒读者：要踏上快乐的旅程，需要由向内和自己的心联结开始。这不是一次完成即可，需要在做决定时，常常温柔地问自己：“这样做我快乐吗？对别人也是这样吗？”顺着自己的内向关怀，邀请你一起走向观察内心的旅程……

本书的重点，是根据“四圣谛”中“道谛”的内容——“八正道”展开作者独到的诠释。八正道又称为“八支圣道”，即正见、正思维、正语、正业、正命、正精进、正念和正定。“正”有“完成、在一起、一致”的意思，而“圣”指的是至少证得初果的圣人。当一位圣者在最初证悟涅槃时，他不再有“我见”，进入断烦恼的状态，呈现出内外清净、不损害自他的行为，而且八个道支的修持同时圆满成熟。因此，八正道是指圣者达到灭苦的境界。

八正道是八个修行的方法，以直线方式列出，分别具有各自的特点，但彼此之间是相互关联、相互支持的。作者直接明确提出，这是一个“螺旋状”的修道历程。只要在一个道支上用功，其他道支也会因此被增强。在本书前言中，作者提到：“戒、定、慧彼此加强与深化……每一步都加强与深化其他各步……当作一个整体来修行时……每个善行与洞见都会推动下一步。”作者特别指出，在每个道支中都有正见、正念和正精进。因此，要从常识和仔细观察中，建立自己的正见。在日常生活中时时培养正念，能增长洞察世间的智慧。更重要的是，在每个时刻持续努力修持正确的精进。

本书的精华在于，作者将八正道从初学到开悟前所有相关的重点，都以禅修实践的角度解说，不仅告诉你快乐的内在生活——八正道是什么而已，更重要的是教你在环境保护、人际交往、职业选择、观呼吸练习……中如何实际运用八正道。此外，他更以深厚的佛教学养和丰富的禅修指导经验，对每个道支可能产生的误解或偏见，都加以精辟解说辩证。对资深佛教学者而言，作者融合南传教理的诠释、贴近现代人的思考方式，令人耳目一新。有关实际禅修的解说，虽然有些部分较简略，但作者重点而细致地解说禅修的操作方法，具有相当高的参考价值。

对这样一本高度浓缩精华的书，我建议读者：将本书当成随时可请教的老师，随身陪伴的心灵照顾者。在小憩时随手翻读，你将会发现如何在生活中找到无价的心灵快乐之钥。因此，把这本书当成生活指引、案头良友，即使只翻阅其中几页，当下观照自己，并且加以实践，也是对自己最好的照顾和滋养。

## 前言

# 通向快乐的八个步骤

在《观呼吸》出版后不久，好几个朋友与学生请我以同样简明的风格，撰写关于觉者圣道的书籍，这本书就是我对他们的请求作出的回应。

《观呼吸》是一本禅修手册，引导学生如何修习正念禅。正念可大幅提升我们的生活，但正念只是教导的一部分。我们离苦得乐的完整指导，被归纳为八个步骤（即八正道）。即使只是稍作努力将这八步带入生活，也能带来安乐，而发愤努力则将彻底改变你，为你带来自在喜乐，那亦绝非天方夜谭。

八正道并不难背诵，但它们的意义却很深奥，需要了解佛法的许多相关主题才能通达。即使那些熟悉八正道者，可能也不明白八正道在整个教法中的重要性，或者如何契入他们的经验。如同在《观呼吸》中所做的，我尽量以浅显易懂的方式呈现八正道的意义，以便所有人都能在他们的日常生活中修习。

我建议你们别像阅读小说或报纸般阅读本书。此外，阅读时，不断地自问“我快乐吗”，并深入探究。觉者邀请我们所有人观察自己，贴近自己的身与心，并检视它们。他告诉我们，别迷失在世间的信念与见解中，要试着找出它的实相。

我们擅长累积信息、搜集数据，也许你挑选这本书就是为了搜集更多的信息。若你一直在读通俗的佛教书籍，停下来问自己，你想从这本书获得什么。难道只是想告诉别人你有多么了解佛教吗？或希望透过佛法的理性认知得到快乐？知识本身并无法帮助你获得快乐。

若你是抱着这种态度阅读，即愿意把八圣道付诸修行，真正落实他的教导，而非只是理性认知，则觉者法音的单纯奥义将会变得愈来愈清晰。逐渐地，一切事物的究竟真谛将会对你开显，你也将逐渐发现，完全了知真谛所能带来的持久快乐。

若你在阅读本书的过程中感到心烦，你应深入探究其中的原因。向内看，问自己此时心里是怎么一回事。若书中的内容让你感到痛苦，问自己为什么。有时当别人指出自己的缺点时，我们会感到不舒服。也许你有许多坏习惯与其他障碍而使自己不太快乐，难道你不想了解它们，并做些改变吗？

我们经常为一些微不足道的小事心烦并怪罪他人，例如朋友、秘书、老板、邻居、小孩、兄弟姊妹、父母等；在得不到自己想要的东西，或失去珍爱的东西时，内心感到失望。我们心里带有某些“烦恼”，那才是痛苦的来源，它会被事情或想法触发，我们因此受苦，但我们却企图通过改变世界来终止痛苦。从前有这么一则故事，有个人想要以皮革覆盖大地，好让他走起路来比较舒服。事实上，他只要穿上一双拖鞋就可以了，无须那么麻烦。同样地，与其尝试控制世界让自己感到快乐，还不如努力地去除自己的烦恼。

但你必须真的去修行，而不只是阅读或想想而已。即使禅修，若你不修习完整的解脱道，特别是如培养正见、奋起精进、正念相续等关键部分，则效果仍然有限。你们有些人身体虽在蒲团上打坐好几个小时，但内心却充满愤怒、幻想或忧虑。然后听到你们说：“我无法禅修，我无法专注。”那是因为你们禅修时把世界扛在肩上，不想把它放下来。

我听说我的一个学生在街上边走边看《观呼吸》，他未正念于当下的情况，结果被车撞了。觉者邀请你“来，自己看”，就是要你亲见此书的观点。将觉者的八正道付诸实践，即使当你在阅读时，也别让不幸撞上你。

即使你读这本书一百遍，若不落实修行，它对你也毫无帮助。反之，若你认真修行，坦然观察自己的痛苦，并持续去做离苦得乐的事，则这本书一定能帮助你。

## 觉者的发现

技术突飞猛进，带来财富，但同时也带来紧张，稳定的生活与工作面临快速变化的压力。那是21世纪吗？不！是公元前6世纪。一如今日，那是个战火频仍、经济脱序与既定生活形态大幅崩解的时代。在和我们相似的情况下，觉者发现了一条安乐之道。他的发现，即一步步修心以达到满足的方法，不只适用于过去，也同样适用于现代。

把觉者的发现付诸修行是急不来的，它可能得花上好几年的时间。刚开始，最重要的是，要对接纳新习惯以改变生活保持强烈渴望，并学习以全新的眼光去看世界。

八正道的每一步都需要修习正念，直到它成为日常生活的一部分为止。正念是如实觉知事物的自我修行方式，以正念为你的口令，你一步步地走过2500多年前觉者传下来的八正道，那是一条温和、有助于渐进修行的灭苦之道。

谁应该做这种修行呢？所有厌倦痛苦的人。你可能认为“我的生活还不错啊”或“我够快乐了”，生活中总有满意或愉悦的时刻。但另一面呢？当事情不顺遂时，你闪躲的那部分呢？灾难、忧伤、失望、病痛、忧郁、寂寞、愤怒，以及那种求好心切的挑剔感觉，这些也会出现，不是吗？我们脆弱的快乐必须依赖事情以某种特定的方式发生，但有些快乐却不依赖任何条件。觉者教导我们寻获这种究竟安乐的方法。

若你愿意去做一切有助于离苦的事——面对当下的阻力与渴爱的根本，你一定会成功。即使你是个偶尔翻阅的读者，只要愿意善用那些对你有意义的话，你也能从中获益。若知道什么事是真实的，别忽略它。只管去做吧！

那听起来好像很简单，但其实是最困难的。当你内心承认“我必须做出改变才会更快乐”——并非因觉者如此说，而是因自己的心认出真谛来才这么做——你一定要全力以赴做出改变，下定决心改掉坏习惯。但那个努力的代价是快乐——不只是今天，而是永远。

让我们开始吧！下面我们将检视快乐是什么，为何它那么难以掌握，以及如何展开八正道。

## 什么是快乐，什么是不快乐

渴求快乐自古皆然，但快乐总是躲着我们。快乐的意义是什么？我们总是寻求欲乐的经验，如品尝美食或观赏有趣的影片，期待它们为我们带来快乐。但在欢乐经验的短暂享受背后，是否有快乐呢？

有些人千方百计地想累积令他们欢愉的经验，并称之为快乐的生活；有些人意识到纵欲的限制，转而寻求物质舒适、享受家庭生活与安全等更持久的快乐，但这些快乐的来源都极其有限。世上有许多人生活在饥饿的痛苦中，连穿着与栖身的基本需求都不可得，经常活在暴力威胁的阴影下，因此他们认为物质舒适能带来持久的快乐，这是可以理解的。在美国，虽然财富分配不均使许多人身陷贫穷，但还不至于出现世上许多地方常看得到的挨饿受冻。多数美国人的生活是宽裕的，因此，其他地方的人便认为美国人是世上最快乐的。

但若他们来到美国，他们会看到真实的情况。他们会注意到美国人经常都很忙碌——赶着赴约；用手机交谈；采购杂货与衣服；长时间在办公室或工厂中工作。所有这些疯狂的活动是为了什么？

答案很简单。美国人虽看似拥有一切，但还是不快乐，他们为此感到困惑。美国人拥有亲密且钟爱的家人、好工作、美好的家、足够的金钱、多彩多姿的生活，怎么依然不快乐呢？他们认为不快乐是由于缺乏这些东西。财富、社会认同、朋友与亲人的关爱以及声色犬马的欲乐，应使人感到快乐，但为何美国人也和其他地方的人一样，经常感到愁苦呢？

看来我们认为应使人快乐的那些事，其实是痛苦的来源。为什么？因为它们不持久。关系结束、投资失败、失去工作、孩子们长大后离开，由资产与欲乐所累积的幸福感顿时消散。周遭的事物变化无穷，威胁着我们认为快乐所需的那些事物。实在很矛盾，我们拥有的愈多，不快乐的可能性便愈大。

今日人们的需求渐趋精致，这是事实，但无论搜集了多少昂贵与精美的事物，他们总想要更多。现代文明鼓吹这种需求，如每个电视广告所宣传的，真正能让你快乐的东西，是这辆闪亮的新车、这台超快的计算机、这次夏威夷的豪华旅行，而它似乎暂时有效。人们将新拥有的兴奋刺激或高兴的经验误认为是快乐，但很快就再次心痒了。当古铜色的皮肤褪色，新车出现刮痕，他们便会渴望另一次消费刺激。这个无尽追逐消费的心态，使他们看不到真实快乐的源头。

## 快乐的来源

觉者曾说过几种快乐，从最短暂的到最深奥的，依序陈述如下：

### 1. 较低的执取之乐

觉者将我们多数人称为快乐的一切事物都归到最低层的快乐，称之为“五欲之乐”，我们也可称它为“顺境之乐”

或“执取之乐”。它包括一切衍生自感官放纵、肉体欢愉与物质满足的短暂世俗之乐：拥有财富、华服、新车与豪宅的快乐；看见美丽的事物，听到优美的音乐，吃到美味的食物，对于谈话感到愉快等所衍生的乐趣；精于绘画与演奏钢琴等技艺的满足感；以及感受到来自家庭温暖的快乐。

让我们进一步检视这五欲之乐。它的最低形式是全然放纵感官的享乐，纵欲最坏的情况将导致放荡、堕落与成瘾。我们不难了解放纵感官并非快乐，因为这种乐很快便会消失，之后甚至会让人感到悲惨与懊悔。

觉者曾解释，人若心灵成熟，便会了解生命中还有比五根欢愉更重要的事。觉者曾举例，照顾婴儿时以细绳系住五处，包括两腕、两踝与喉咙。这五股细绳——五欲能限制婴儿，但控制不了成人，成人能轻易地将它扯断。因此，有智之士断除放纵五官的想法，使生命充满意义与快乐。（M 80）

然而，世俗之乐并非只有最低层次的纵欲，还有阅读、观赏好影片，以及其他形式休闲娱乐的喜悦。它还包括世间善良的喜悦，例如帮助别人、安顿家庭与抚养小孩以及正直营生等。

觉者曾提过几个较宜人的快乐形式。其中之一是从诚实与辛劳的工作中获取财富所得到的快乐与安全感。你心安理得地享受财富，不用害怕遭到指控或报复。除了享受诚实赚得的财富之外，比这更好的是，你还乐于与别人分享的满足感。另一个令人欣慰的快乐形式，来自人们完全不亏欠任何人。〔A II（Fours）VII. 2〕

我们大都视这些事为美好生活的要素，连最有眼光的人都是如此。但为何觉者认为它们是属于最低层次的快乐形式呢？因为它们依赖特定的条件。虽不像纵欲的欢愉那么短暂，且不会破坏长久的快乐，但它们依然不稳固。我们愈相信、追求并想抓住它们，就会愈痛苦。因缘条件无可避免地会改变，我们的努力将造成痛苦的心情起伏，且终将被证明是无效的。无论怎么做，我们都会心碎，但有更好、更稳固的快乐来源。

2. **较高的快乐来源**

其中之一是“出离之乐”，即一种心灵上的快乐，来自追求超越世俗之乐的事物。典型的例子是，放下俗务，闲居独处以寻求心灵提升。来自祈祷、宗教仪式与宗教灵修的快乐，也属于这个范畴。

布施是出离的强力形式，慷慨地与人分享自己所拥有的东西，以及其他许多出离的行动，都会让我们感到快乐。每次我们放下，都会有一种欣喜与解脱的感觉。若能完全放下对世上一切事物的执着，则这个大舍带给我们的快乐将会比偶尔的出离行动所来的快乐更大，这是理所当然的。

比舍弃物质更高一层的是“放下烦恼之乐”。每当嗔恚、贪欲、执取、嫉妒、骄慢、疑惑或其他烦恼出现时，若心能迅速放下，自然会产生这种快乐。在刚萌芽时便掐断它们，将使心变得无碍、喜悦、光明与澄澈。但无法保证这些不善法从此便乖乖止息，不会再去骚扰心。

更好的是四禅八定中的微妙喜与乐，在这些定境中不可能生起任何愁苦。虽然这些定境的威力如此强大与超越，但它们有一个缺点：禅修者终究得出定。诸行无常，即使深细的禅定也有终了的时候。

### 3. 最高的快乐来源

最高的快乐是“证果之乐”。在每一个果位，生命的重担都会减轻一些，我们会感到更加快乐与自在。达到最后的圣果，即彻底断除一切烦恼，带来无间与无上的快乐。觉者建议我们，学习放下对较低快乐形式的执着，专心致志于最高的快乐形式——觉悟。

但他也鼓励人们尽量使自己快乐。对于有些还看不透世俗欲乐者，他提出了睿智的建议：避开世俗纷争，追求理想的世俗之乐，例如，培养让事业成功或家庭和乐的个人特质。对于那些具有更高企图心，希望转生天界者，他解释了达到那个目标的方法。对于那些有志于正等正觉之最高目标者，他也教导他们如何达到。不过，无论追求哪种快乐，我们都离不开八正道。

## 不快乐的陷阱

觉者知道，不停地在世俗爱境中寻找快乐，会使我们陷入无尽的因果与爱憎的循环中。每一个身、口、意行都是造成果的因，而这个果又转变成下一个因。觉者为我们指出苦的循环是如何进行的：

> 缘受而爱生，缘爱而求生，缘求而利生，缘利

而用生，缘用而欲贪生，缘欲而耽着生，缘耽着而悭吝生，缘悭吝而守护生，缘守护而执杖剑、诤论、恶口等，无数恶、不善法生。(D 15)

我们每个人每天都在经历这个循环的变化形式。例如你在商店购物，看见一块看起来很好吃的馅饼，内红外白，鲜艳欲滴，那是店里所剩的最后一块。虽然在前一刻，你的心还是平静与满足的，但这个视觉印象——觉者所说的“根境接触”，便引生了愉悦的感受与想法。

渴爱从这个乐受生起：“嗯……草莓，”你自言自语，“还淋上鲜奶油。”你的心追求并扩大这些愉悦的想法。草莓馅饼闻起来多香啊！鲜奶油滑嫩的感觉多棒啊！接着便做出享用的决定：“我要尝一口馅饼。”现在执着生起：“那块馅饼是我的。”也许你注意到心里闪过一些迟疑的念头——那可不利于腰围与钱包。

突然间，你发现旁边有人也在驻足欣赏这块馅饼。你的馅饼！你因此心生嫉妒，于是赶紧抓起它，冲到柜台结账，并因而引起其他客人侧目。说不定其他客人会跟随你进入停车场，想要抢走馅饼，试想那会发生何种恶行——你们可能相互叫嚣，甚至大打出手。但即使并未正面冲突，你的行为也已造成另一个人的不满，他会认为你是个贪心的人，你内心的满足感也可能因而遭到破坏。

一旦心生渴爱，自私与嫉妒的行为通常便无法避免。为了追求任何一种小欢乐——一块草莓馅饼——我们可能会冒着树敌的危险而鲁莽行事。当渴爱的对象是重大事物，例如某人贵重的物品或非法通奸时，代价就更大了，那可能造成严重的暴力与无尽的痛苦。

若我们能反转这个循环，从负面行为开始，一步步回溯它感情与心理的原因，也许便能从源头断除痛苦。只有彻底消除渴爱与执着，快乐才能得以确保，功德才能圆满。我们可能不知如何完成这样一件大事，但一旦确认该做的事，我们便已经在路上了。

## 渐 修

现在你已了解为何我们说真正的快乐来自断除渴爱，即使我们认为达到最高的快乐不切实际，但仍能从减少渴爱中获益。我们愈能放下渴爱，就愈能感到快乐。但要如何减少渴爱呢？这想法似乎令人望而却步，更别说要断除它了。若你认为单凭意志力勉强消灭渴爱并不可行，那你是对的，觉者有更好的做法——渐次修习八正道。

觉者的渐修之道冲击你生命中的每个层面，这个过程在任何地点与时间展开。无论你在哪里或前往何处，每一步都是一次新的开始。行为与知见上每个向善的新改变，都建立在前一个改变的基础上。

在觉者的弟子中，有些人接受快，在一次谈话中听闻他的正道指导后便达到安乐。有些人则已做好准备，他们只听到最高的指导——四圣谛，心便达到究竟解脱。但大多数的佛弟子仍得按部就班，依教奉行。有些弟子花了好几年的时间，才克服见解上的障碍，然后才能进一步往前探索。

我们大都必须做很多功课，才能化解长期以来毁灭性与自我挫败的态度与行为，我们必须以更大的耐心与毅力，在觉者的渐修之道上缓步行进。并非每个人都能在一夕之间彻底觉悟，我们都因为过去的经验，以及致力于心灵成长的强度不同，而有所差别。

觉者是个极善巧的老师，他知道我们在获取更高教导之前，需要一些基本的清楚了解。他的八正道由三个相辅相成的阶段组成——戒、定与慧。

第一个阶段——戒，是接受一套核心的价值，然后再根据它们来生活。觉者知道合乎道德的身、口、意行是进阶修行的前行，但我们至少必须具备一些智慧来判断何者是道德。因此，他以帮助人们开发初阶正见（第一步）与正思维（第二步）来展开教学。这些心理技巧帮助我们分辨道德与不道德的思想与行为，以及善行与伤害、纠缠我们的行为。

当我们修习正确心态时，便可开始将逐步提升的知见用在正语（第三步）、正业（第四步）与正命（第五步）上，这些实际的善戒行将使我们的心趋向调柔、无碍、喜悦与净信。由于恶行的干扰开始消退，定乃得以生起。

定有三个步骤。第一是正精进（第六步），它将心集中在解脱道的其余各步上，这种精进在禅坐妄念纷飞时尤其需要。第二是正念（第七步），要想拥有正念，必须在每一刹那都有一些善定才行，这样心才能持续接触变化的诸境。第三是正定（第八步），它允许我们把心无间断地集中在一个对象或观念上，因为它是清净心，无贪也无嗔，所以能带给我们深入观察实相所需的心理强度。

由戒生定，由定发慧——觉者解脱道的第三阶段，这又把我们带回八正道的最初两步——正见与正思维。“啊哈!”我们开始解行合一，了解如何创造自身的痛苦；了解身、口、意行如何伤害自己与别人；洞见自己的谎言并如实面对生命。智慧是指路的明灯，使我们得以避开痛苦的纠缠。

虽然前述八正道由一连串相续的阶段组成，但它的运作其实更像螺旋状。戒、定、慧彼此加强与深化，八正道上的每一步都加强与深化其他各步。当你开始将它们当作一个整体来修行时，每一步都会展现，每个善行与洞见都会推动下一步。在这条道路上，你的每件事都会改变，尤其是把自己的痛苦归咎于他人的习气。在螺旋之道的每一个转折点，你都对自己的身、口、意行更加负责。

例如，你愈把渐增的智慧运用在对戒律的了解上，就愈能洞见道德思想与行为的价值，进而能彻底改变自己的行为。同样地，你愈能看清楚哪些心理状态是有益的，以及哪些是应断除的，就愈能善巧地精进，加深定力以及增长智慧。

## 修行的资粮

开始修习佛道时，你自然会想调整生活形式与态度以帮助修行。许多人发现有几点改变对解脱道的进展很有帮助，它们有助于你克服往后八正道上将会出现的障碍。别气馁！其中有些建议很有挑战性，你可能得花很长的时间才办得到。

## 简化你的生活

可从诚实地评估自己惯常的活动下手，再看看如何利用时间。养成习惯问自己："这个工作或行为真的需要吗，还是只是瞎忙一场?"若你能减少或取消一些活动，内心将会更加安稳与平静，那是修行进步不可或缺的。

现在你对家庭或其他依赖你的人可能有许多责任，这很好，但别牺牲安定内心与修观的机会。帮助别人很重要，但觉者说得很清楚，照顾自己的修行才是第一要务。

养成每天花些时间闲居独处的习惯，别总是与人厮混。若时间都被别人占据，你很容易陷入不必要的活动与谈话中，那将不利于禅修。无论身在何处，若希望加深自己的了解与智慧，请不时地抽空独处。

当然，外在并非一直都很安静。即使在一个安静与僻静的地方，我们有时会发现自己被愤怒、嫉妒、恐惧、紧张、焦虑、贪心与困惑所包围；有时也会发现虽身处喧嚣扰攘中，心却保持非常平静与安详。

觉者解释过这个矛盾，他说若执着与渴爱很少，我们就能在人群中自在独处，就能放下拥有与占有的意识。我们喜爱的人、财产、工作、义务与关系、看法与意见等都是我们执取的东西。我们愈减少贪着，就愈接近内心的自在，那是独处的本质。真正的独处是在心中，觉者说内心不被贪爱与执着束缚的人是"独居者"；而那些内心充满贪、嗔、痴者则是"群居者"——即使他独居也是如此。因此，我们修行的最佳辅佐是一颗妥善调伏的心。

有些人可能发现，传统仪式会帮助他们安定内心，并提醒他们什么才是真正重要的事。你和家人可以每天一起课诵，点燃香烛，或对佛像献花。这些简单庄严的仪轨不会带来觉悟，但它们可当作修习正念前有用的调心工具。

## 练习自制

妥善调理的生活也可能是快乐的源泉。仔细检视你的生活环境，若你的卧室里脏衣服乱丢，或书桌堆满书本、纸张、光盘与旧杂志，或上星期的碗盘还泡在水池中，你怎么可能安顿好自己的心呢？修行是从外往内发展的，先整理好房子，然后再清除贪、嗔、痴等垢染。

健康的身体也有益于修行。瑜伽与其他的健身形式，对心理健康很有帮助。每天至少要走一次远路，走路不只是一种好运动，也是闲居独处时修习正念的好机会。

健康与适宜的饮食也有助于禅修。“早餐吃得好，午餐吃得饱，晚餐吃得少”，将使你隔天早晨精神奕奕。古谚云：“早餐吃得像国王，午餐与朋友共享，晚餐让给敌人吃。”（在此我补充一句，不可加害敌人！）垃圾食物、酒精、咖啡与其他刺激性饮料，将使人难以专注。为了生活而吃，别为了吃而让吃成为浑浑噩噩的习惯。有些修行者偶尔会进行斋戒，由此能很快觉知大多数我们所认为的饥饿，其实只是习惯而已。

最后，规定自己要每天禅修，早上一起床与晚上睡觉前的禅坐将帮助你进步。若你发现无法规律地练习，问问自己为什么。也许你怀疑禅修的重要性，或担心它无法解决你的问题。小心地检视自己的疑惑与顾虑，或阅读觉者与其他通过禅修达到究竟安乐者的传记。记住，你能改善自己的生活，禅修已被证明对无数人有效。然后尝试做一点自制练习，尤其在一开始，维持每天规律的禅修。

## 修　善

修善——布施、忍辱、净信与其他美德——是心灵觉醒的开始。

所有宗教传统都教导布施，但其实它是心的自然状态，是一切众生本具的，即使是动物也会分享它们的食物。布施时，你会感到快乐，会高兴地回想受赠者的欢喜。

此外，修习忍辱。忍辱不代表容许别人虐待你，它的意思是等待时机，在最佳的时间与地点，以最佳的语言与态度有效地表达自己。若你不耐烦地脱口说话，事后可能会悔不当初，并痛苦不已。

忍辱也意味着尝试尽量去了解别人。误解、误会与怀疑，会造成痛苦与不满。切记，别人的问题不会比你少，甚至可能更多。有些很好的人有时会陷入困境，可能不经意地说话或做事。若你不因挑衅而失去耐性，就可以避免烦乱，对别人处境的了解也会加深。

别将自己的痛苦归咎于别人，或期待别人让自己快乐。向内看，探究自己不快乐的原因，并找出自足之道。痛苦的人很容易使别人痛苦，但若你被痛苦的人包围，通过尽量让自己保持清明，依然能维持内心安稳，而且你的耐心与了解还可能使他们高兴起来。

最后，对自己追求安乐的潜力要有信心，这包括对教法、自己、工作、朋友与未来有信心。信心或信任会带来一种乐观的生活态度，你可以透过检视自身的经验来提振信心。对于自己的许多能力，你其实已具有信心。除此之外，对于尚未展现的部分也同样要有信心。

访师求法

一个好的禅修中心，以及一位真正愿意帮助你的禅师，是重要的助力。你不需要一个要求你百依百顺或承诺教你神通的人，要寻找的是懂的比你多，并以身作则，能和你发展出长期关系的人。觉者的解脱道可能得花上好几年，甚至好几世才能参透。所以，要明智地选择你的导师。

觉者称完美的老师为“善知识”。这种人说话柔和、亲切、诚恳，尊敬你，且慈爱与悲悯。善知识绝不会要求你做错误的事，反之总会鼓励你做正确的事，并在需要时帮助你。善知识是博学多闻的，总是毫不迟疑地和你分享知识。

首先，细心考察潜在的老师。听其言，观其行。若是修习佛法十年以上者，你最好通过日常接触，亲自判定他是否已获证悟。注意那些收费高昂的老师，他们对你的金钱可能比对你的修行进度更有兴趣。

如同工匠师训练学徒，不只针对工艺技巧，也包括运用那些技巧所需的个人特质。同样地，老师除了指导你修行之外，还要帮助你改变生活形态，以支持修行所需。若你真的在追求快乐，那就把时间花在努力追随这样的老师上。

其次，遵循觉者所制定的渐修做法。渐修基本上包括学习如何静下来观察自己的思想与行为，然后把它们转变成更有益于禅修与觉悟的事。那是个缓慢的过程，不用急。许多人中断禅修的一个原因是，他们并未花时间奠定有效修行的基础。

最后，找时间阅读与讨论觉者的教法。书籍是现成可用的，讨论团体与课程也是如此，你甚至可在网上与人谈论佛法。阅读与讨论佛法，绝对不是浪费时间。

虽然这些对于进步的要求似乎显而易见，但却很少有人能安静地度日，适度地饮食，规律地运动，简单地生活，乃至与合格的老师做一些研究，定期讨论佛法以及每天禅修。在此要强调的是，无论你此时的生活形态如何，简朴适中并不表示你不能现在就开始践行佛道。它只是告诉你，为了达到究竟安乐，你得细水长流——也许得修上好几年，甚至好几世。

## 开始修习正念

前一节中谈到的改变生活形态有个目标：帮助你使正念成为日常生活的一部分。正念是培养刹那相续觉知的唯一方法，这是对身心所感受诸法真实本质的觉知，也许你听有人将这种方法称为“内观禅修”。那是你在觉悟之道的每个阶段，都会发展与使用到的工具。对于修习正念，以下有几点建议：

## 坐 禅

首先，选好时间与场地。开始修习坐禅的好时段是清晨，在每天活动之前。有个安静的处所最理想，但由于世上无噪音的地方很少，因此选个适合专注的场所即可，在那里摆个舒适的坐垫。

其次，选个打坐的姿势。最好但也最难的姿势是全莲花坐。交叉盘腿，把一只脚放在另一条大腿上，足心朝上。把手放在肚脐下缘，手腕弯曲放在大腿上，上身端正。你的脊柱就如一串铜钱般正直，脊骨连成一串，收下颚。

若无法以全莲花的姿势打坐，就尝试半莲花坐。把右脚放在左大腿上（或相反），膝盖置于地板上。然后身体前倾，把坐垫向后拉。若膝盖碰不到地，就把大腿放在另一只弯曲的脚上。

你也可以把下面那只脚放在另一只脚前，或可以坐在小板凳上，例如禅堂中提供的那些。若这些都很困难，那么可以坐在椅子上。

选择好坐姿之后，背脊挺直，确定它是垂直的，以便胸部在呼吸时能轻松地扩张。你的姿势应是自然与柔软的，不可僵硬。

小心调整姿势，因为一直到禅修结束前都不能改变，这很重要。它为何重要？假如因不舒服而改变姿势，过一阵子后，新姿势也同样会变得不舒服。然后你又想换姿势，很快它又变得不舒服。因此，你在打坐的全程中一直在变换与移动，从一个姿势变到另一个姿势，而无法达到更深层的专注。练习自制，停留在原来的姿势上。

一开始便决定预计禅修多久，若你从未禅修过，那就从大约二十分钟开始。随着修行次数的增加，便可逐渐延长打坐的时间。时间的长度取决于你有多少时间可用，以及可坐多久不会感到疼痛。

当打坐时，闭上你的眼睛，这有助于你专注。心在禅修前就如一杯混浊的水，若摆正杯子，泥沙会慢慢沉淀，而水也会变清澈。同样地，若你保持安静，打直身体并集中注意力在禅修对象上，心将沉淀下来，你将体会到禅修的喜悦。

### 处理疼痛

假设你已遵照前面的指导，以最舒服的姿势打坐，不久之后，你会发现舒适感消失了，现在只有疼痛，你因此失去最初坐禅的决心、耐心与热情。

那可能令人感到沮丧。但休息只会证明一件事，疼痛大都是由于缺少练习。在不断练习之下，它将逐渐消退，你也会发现愈来愈容易忍受它。因此，让疼痛成为你痛下决心多做练习的信号。

若疼痛是由于身体缺陷，例如椎间盘突出或旧伤所引起，则你应改变姿势，也许移到板凳或椅子上会好一些。然而，若疼痛是出现在身体正常与健康的部位，我建议你尝试作如下处理：

处理疼痛最有效但也最困难的方式是看着它，和疼痛同在，融入它。经历它，而不将它视为我的疼痛、我的膝盖、我的脖子。就只是贴近观看，看它发生什么事。

起初疼痛可能增加，那会造成恐慌。例如，膝盖可能开始剧痛到让你害怕将失去腿——它将坏死，且不得不被锯掉——那使你忧心如何用一条腿生活。别担心，我从未看过有人因禅修而失去腿！当在观看的疼痛达到最难忍受的高峰时，若能熬得过，例如再忍五分钟，你将发现这锥心刺骨、威胁生命的疼痛开始消退。疼痛将转变成中性的感受，你将发现即使苦受也是无常的。

你可用同样的技巧来处理心理疼痛，也许它源自罪恶感或创伤的记忆。别试图推开疼痛，欢迎它，与它同在，即使有些可怕的场景在心中上演也是如此。别在情节中迷失，持续观看心理疼痛，最后就如看身体疼痛般，看着它消退。

当临界点出现而疼痛消失时，你会如释重负，感受到安详与放松的平静。当然，身体疼痛或疼痛的记忆可能再次生起，但一旦曾突破过身体或心理的异常疼痛，那个异常疼痛便不可能再以同样的强度出现。下次你打坐时，在疼痛生起前，也许能坐得久一点。

处理疼痛的第二种办法是，把它拿来和这一生经历过的疼痛相比。目前这疼痛虽然似乎很难忍受，但它只是曾经历过的一小部分，你经历过远比这更惨的，此外还有一些日夜缠绕的潜藏微细苦受。和其他痛苦相比，脚上的这点疼痛便不算什么了。忍受它是值得的，如此你才可能克服生命中更大与更普遍的痛苦。这个疼痛就如刺一般，拔出刺很痛，但你要接受那个痛，以避免后面更大的痛苦。同样地，你要能忍受坐禅的疼痛，以避免自己未来陷入更糟的愁苦中。

第三种办法是思维别人正在经历的痛苦。目前许多人由于生病、无家可归、饥饿、和所爱者分离，以及其他重大的问题而身心受苦。提醒自己，和这些痛苦相比，你的疼痛其实还好。

第四种办法是不理它，刻意把注意力转向呼吸。为了帮助自己停留在呼吸上，可快速地呼吸几次。

我最后的建议是，只有在其他办法都无效时，再非常警觉地移动。缓缓调动肌肉，看看随着姿势的微幅改变，疼痛是否会减轻。若疼痛位置在背部，注意它是否因向前弯而引发疼痛。若张力在背部产生，先默观姿势一遍，放松，然后轻柔地挺直背部。

脚踝与膝盖的疼痛需要特殊的对治法，因你不会想扯伤肌腱。若你认为疼痛出自肌腱，先试着小心地收缩与放松关节上下的肌肉，别改变姿势。若无法舒缓疼痛，则缓慢移动脚，范围只要到能减轻肌腱的压力即可。

你也许会质疑，忍受疼痛有什么好处。“我着手禅修是为了去除我的痛苦，我为何要在坐禅中自讨苦吃呢?”切记！这种苦能导致苦灭。当以正念如实观察疼痛的生与灭，并体会伴随痛苦止息而来的乐受时，你对于自己的耐苦能力会更有信心。更重要的是，因为你的痛苦经验是自发与集中的，因此它是修行的好道场，你将愈来愈能对抗生命中更大的痛苦。

要忍耐。也许你以前从未尝试过禅修的姿势，或只偶尔如此做。当你初次在地板上禅修时，自然会感到有些疼。你爬过山或骑过马吗？回想当你初次如此做时身体的感受如何，或隔天感觉多么酸痛。然而，若每天爬山或骑马，你很快就会摆脱痛苦而乐在其中。禅修也是如此，你只需要一再地做，每天以同样的姿势打坐。

## 集中你的心

安定内心的一个好办法是专注于呼吸。呼吸是现成可用的，你无须费力去寻找呼吸，因它总是在鼻孔流进、流出，无关任何感情、推理与抉择。持续把心安置于其上，是培养舍心的好方法。

每次开始禅修前，你都应修习慈念。有时人们可直接接通它们，并传送给一切众生。但更常见的情况是，你需要一个方法才办得到。首先从自己开始，然后慢慢把慈念扩及一切众生。我建议念诵（默念或出声念）：

> 愿我幸福、快乐与平安。愿我无任何伤害；愿我无任何困难；愿我无任何问题；愿我总能成功。愿我也有耐心、勇气、正见与决心，去面对并克服生命中无可避免的困难、问题与失败。

念完这段之后，重复一次，把“我”换成其他人，从父母开始：“愿我的父母幸福、快乐与平安。愿我的父母无任何伤害……”依此类推。然后为你的师长们念诵，“愿我的师长们幸福……”然后为你的亲戚们念诵，然后为你的朋友们，然后为“无关紧要”（你对他们有中性感觉）的人，然后为你的敌人们，最后为一切众生。这个简单的练习将使你更容易在禅修中得定，并帮助你克服打坐时可能生起的任何憎恨。

其次，做三个深呼吸。吸气与吐气时，注意下腹、上腹与胸腔的扩张与收缩。完全地呼吸，以伸展身体的这三个区域。做完三个深呼吸后，正常地呼吸，让呼吸自由、不勉强与优雅地流进与流出，把注意力集中在鼻孔边缘的气息感受上。大多数人都能轻易地察觉鼻孔边缘的气息感受，而有些人比较喜欢专注于呼吸接触上唇或鼻孔内、鼻窦的感受，这得视他们的脸部结构而定。选好一处专注的位置后，只要注意呼吸流进与流出的感觉即可。

当把注意力集中在呼吸上时，你感觉每个入息与出息的初、中、后期，无须刻意去注意呼吸的这三个阶段。当一个入息完成，在出息开始之前，有个短暂的停顿。注意它，并注意出息的开始。当出息完成，在下一个入息开始之前，有另一个短暂的停顿，也注意这个短暂的停顿。这两个停顿如此短暂，以致可能察觉不到它们。但当具有正念时，你一定能注意到它们。

起初，也许入息与出息都长。注意它，但别心想或口说“长入息，长出息”。当注意入息与出息的感觉时，身体会变得相对平静。然后也许呼吸会变短，注意短呼吸的感觉如何，也别说“短呼吸”，注意从头到尾整个呼吸的过程。现在，也许呼吸变细了，心与身都变得比以前更平静。注意这个平静与安详的感觉。

虽然你努力保持专注于呼吸，但心可能会跑开。你会想起曾去过的地方、遇见过的人、久未谋面的朋友、很久以前读过的书，以及昨天吃过的食物的味道。一旦察觉心不在呼吸上，小心地把它带回来，并固定在那里。

有些人会使用贴标签的方式，即对禅修中出现的现象命名。例如，禅修者可能注意到思想，然后在心里默念："想，想，想。"听到一个声音，禅修者则默念："听，听，听。"

我不推荐这种技巧。可能你想要贴标签的事件发生得太快，以致根本来不及反应。贴标签需要时间——念头生起或感受出现的时间，以及想名字以将觉知之事概念化的时间。你无法在事件正发生时贴标签，只能在事后才贴标签。因此，只要在事情发生时看着它们，并觉知它们就够了。

正念教导你直接觉知。它帮助你消除诸如概念与语言的媒介，概念与语言只会在觉知之后生起，以帮助你沟通观念与感觉。然而在禅修中，你无须对任何人表达任何事，只需要清楚觉知"见只是见，听只是听，触只是触，知只是知"就够了。

## 练习一分钟正念

当你从坐禅起身时，下定决心一天当中每个小时都要禅修一分钟。你可能会质疑一分钟能做什么，那差不多就是找到坐垫的时间。别担心寻找坐垫的事，维持你原来的姿势，无论坐着、站着或躺着都没关系。一天当中每个小时花五十九分钟做你在做的事，但那个小时请空出一分钟，停下手边的事并禅修。你甚至可设定手表或计算机的闹钟，每个小时提醒自己。

当听到闹钟响时，心里完全放下手边正在做的任何一件事，并闭上眼睛，保持专注于呼吸。若你心想不知道一分钟有多长，那就吸气与吐气十五次，不间断地专注于呼吸。若所花的时间超过一分钟，别担心，你并无任何损失。

一分钟结束时，睁开眼睛之前，下定决心在下一个小时快结束时再次禅修一分钟。期待那一分钟，并让自己愈来愈热衷于此。你还可以问自己："何时我才能再次静坐禅修？"

若重复这个简单的方法，一天结束时，你将多做十至十五分钟的禅修。此外，到一天结束时，由于每小时你都曾心系于此，你更容易激励自己在临睡前再静坐一会儿。

以半个小时的坐禅结束你的一天。上床时，持续把心放在呼吸上直到睡着。若半夜醒来，把心拉回呼吸。当隔天早上醒来，你的心还是会在呼吸上，提醒你以坐禅展开新的一天。

# 第一章

# 正　见

我们许多人都读过觉者的传记，知道悉达多太子离开奢华的宫殿，出家求道，经过几年的苦行之后，于菩提树下禅修达到觉悟。然后他从禅座起身，走到贝拿勒斯城，即现在的瓦拉纳西。在那里的鹿野苑，他首次教导所发现的究竟安乐之道。

觉者的信息既简单又深奥。自我放纵与自我折磨的生活皆无法带来快乐，唯有不执两端的中道，才能带来心的安稳与智慧，彻底解脱人生的痛苦。

觉者的信息在传统上的认知是四圣谛，其中最后一谛（道圣谛）展开即为八正道。他教导我们要善巧地修习正见、正思维、正语、正业、正命、正精进、正念与正定。

在这一章与接下来的各章中，我们将详细检视这八正道。你会注意到正见、正精进与正念反复出现在每一章中。它们是这一条道路的关键，若无正见、正精进与正念的强力运作，八正道将起不了作用。

践行这条道路的方法是，把正念觉知带入日常生活的每一个方面，持续努力向善增上，并运用正见。当心安定下来时，洞见便开始生起。

有些洞见感觉像温和的“啊哈”，此时世间或你生命中的某些部分突然亮了起来。有些洞见则感觉深不可测，好像整个大地都被你的新发现给撼动一般。可能有种如释重负的感觉，随之而来的是强烈的幸福与喜乐感，可以持续好几个小时，甚至好几天。这些美好的经验都不是觉悟，它们只是暗示完全觉悟可能会是如此。

但会有八正道的一切因素皆已备妥的一刻。戒圆满，定深厚，心光明且清晰，没有任何障碍现前。届时你会有最深的洞见——所有经验在各方面皆是无我与无常的，没有任何事物值得执着。在那一刻，你的一切疑惑皆将消失，看一切事物的方式也会改变。

从那时起，你将在全新的层次上践行正道。但在此之前，对于八正道各部分整合的方式，你必须有个可靠与清晰的洞见。在那个深刻的洞见后，你的正见达到一个更高的层次——“出世间”的层次，此时你将具有不坏净信，知道无论如何自己一定能达到目标。

无论做任何事，首先一定要知道为何要做它，这正是觉者以正见为八正道之首的原因。他希望我们了解，成佛之道不是让我们“保证做个好人”以便得到好报的抽象信条，也不是要加入秘密组织所需遵循的神秘行为法则。

此外，觉悟之道建立在常识与仔细观察实相的基础上。他知道若我们睁开眼睛仔细看自己的生活，就会了解我们所做的一切选择不是带来快乐就是带来痛苦。一旦完全了解这个原则，就会做出好的选择，因为我们真的想要快乐。

根据觉者的解释，正见有两个部分：了解因果与了解四圣谛。

第一章
# 正 见

## 了解因果

佛教徒可能称行为“对或错”“好或坏”“道德或不道德”，但它们的含义和平常所说的有些不同，“善或不善”也许最能解释这个观念。佛教道德的基础是，不善的行动带来痛苦的结果，而善的行动则带来快乐的结果。这个简单的因果原则，是佛教徒所称的“业”（kamma 或 karma）的一个方面。

不善的行为也可能带来短暂的快乐，例如当毒贩对闪亮的新车感到沾沾自喜时，或在对伤害过自己的人进行报复而感到称心如意时，但觉者指出错误的行为总是带来伤害。我们自己的观察印证了这个真理，有些伤害可能看不到，例如内心愧疚或后悔的痛苦；有些伤害则可能不会立即显现。觉者解释道，善行与不善行的果报有可能在很久以后，甚至在来世才出现。

你可能认为：“我不担心来世，我只在乎这辈子能得到什么。”觉者建议我们考虑这些可能：即使无来世，行善也将在此世为我们带来快乐与坦荡自在；而死后若真有来世，则我们将获得双重利益——现在与以后再一次。若无来世，造恶将令我们在此世感到不安与内疚；而死后若真有来世，则我们在以后将再次受苦。因此，不论是否有来世，唯有断恶与修善才能确保我们快乐。

一旦了解想的、说的与做的每件事都是一个因，无可避免地会在现在或未来带来一些果报，我们自然会趋吉避凶，慎思、慎言与慎行。明白有因必有果的道理，将帮助我们坦然接受过去行为的结果；也将帮助我们谨慎抉择，以便能有个比较快乐的未来。

善行是那些创造快乐之因的行为，例如发自慈心与悲心的行为。任何行为只要发自无贪、嗔、痴现前的心，皆能为我们带来快乐。因此，这样的行为即是善的或正确的。

例如，假设你一直对所有人修习布施与慈悲，这个善行是一个因，会有什么结果呢？你将结交许多朋友，受到许多人的敬爱，并感到自在与安详。周遭的人可能会愤怒与不快乐，但你不会。

你的正面行为会产生两种立即的结果。第一种是内在的——你感觉如何。由于你一直都很慷慨与慈悲，因此反映你慷慨与慈悲的行为将是自在的，心将是安详与快乐的。第二种是外在的——其他人感谢你并关心你。他们的关心当然令人高兴，但和你内在的感觉相比，这比较不重要。由于外在的结果取决于别人的反应，因此它们比较不可靠。

一旦你了解了这个原则，它的反面也会变得清晰。觉者指出十不善行，它们总是无可避免地会造成痛苦。其中三种是身体的行为——杀生、偷盗与邪淫；四种是嘴的行为——妄语、两舌、恶口与绮语；最后三种是心的行为——悭贪、嗔恚与邪见。

这十不善行的意义与避免它们的方法，将在后面的章节中详细解释。在开始修习觉悟之道前，我们需要足够的基本正见，明白因为这十种行为无可避免地会给我们带来痛苦，所以它们是不善的。

断除这十种行为并非一组诫令，而是出于信服而遵守的一套自发性原则。没有人能把它们强加在你身上，你必须从自身的经验中去发现，这些行为会导致正面的结果还是负面的结果。经验将告诉你，不善行会为你自己与别人带来身体与心理的痛苦。

此外，人们只有在错误了解，以及心被贪、嗔、痴所染污时，才会去做这些恶行。事实上，发自充满贪、嗔、痴之心的任何行为，皆会导致痛苦，因此都是不善或错误的。

佛教的戒律是理性的行为，是基于因果的法则。你一定是对自己的因果迷昧无知，才会犯下恶行。你的行为愈偏差，表示你愈迷昧无知；你的洞见有多深，你的解脱就有多大。若你刻意以违反因果法则的行为去喂养愚痴，怎么可能达到解脱呢？若你犯下严重的恶行，将无法从觉悟之道得到太多的清明，更遑论解脱慧了。你一定要持戒，那是必要的。

正念禅增进对于恶行业果的觉知。禅修者清楚感受到不善身、口、意行的痛苦，且迫切觉得必须彻底断除它们。

你就是自己未来的创作者——经验教导你这点。行为不是无法改变的自然律，每一刻都有机会改变你的思想、话语与行为。若注意自己在做什么，并自问它可能导致正面的结果还是负面的结果，则你将引导自己走向正确的方向。

重复好的意向能产生强大的内在声音，使你坚守正道。每当你陷入痛苦的循环中，它将提醒你跳出那个陷阱。你将不时瞥见解脱的样貌，通过行善与断恶，你将让此印象成为真实。

因此戒——被定义为符合实相的行为——是一切心灵提

升的基础。少了它，正道将发挥不了灭苦的作用。

“有因必有果”的观念是正见的第一部分，现在进入第二部分——了解四圣谛。

## 了解四圣谛

觉者说，他只教导了四个观念——苦、集、灭、道。“苦”是指我们在生活中感觉不快乐；“集”是不快乐的原因——我们放任与执着的心；“灭”是觉者的承诺，即我们可通过断除渴爱而灭苦；“道”是为了达到目标，必须采取的步骤。

在他45年的教学生涯中，从初转法轮到入灭，觉者解释了这四个字好几百次。他希望这些根本观念，能被处于不同心灵成长阶段的不同根性者所了解。

有一次，他以生命的痛苦是个负担来解释“苦”，我们因挑起负担而受苦，通过放下负担而结束它。正道教导我们如何放下自己的负担。还有一次，他称“苦”是一种病。觉者就如医生，诊断疾病的起因（“集”）、疾病的止息（“灭”），而“道”则是他为了治好我们所开的处方。

### 了解第一谛——苦

觉者的第一谛告诉我们，苦是无法避免的。你可能会质疑：许多新发现已让我们的生活变得更舒服，这个苦的教导还适用于现代社会吗？在觉者的时代，人们必定为环境、疾病与天灾所苦。但时下科技发明不是已能让我们“为所欲为”，想去哪里就去哪里，并制造所需的任何东西吗？

不过，无论现代生活看起来多么便利与安全，苦谛依然没有改变。它适用于现代如同适用于觉者的时代，那时的人不满足，我们也一样。

我们可视情况称觉者的第一谛为任何名字——苦、紧张、恐惧、压力、焦虑、担忧、沮丧、失望、愤怒、嫉妒、放肆、神经质或痛苦。所有人，无论其生活在何时、何地，皆离不开这些问题。

我们随时可能生病，可能和所爱的人分离，可能失去所拥有的东西，或被迫处于讨厌的情况。父母与子女、丈夫与妻子、兄弟与姊妹、邻居与朋友彼此都可能为了财产、地位、权力而争吵不休。这些问题皆不外乎由贪欲、嗔恚或愚痴所引起，它们和世间的情况——社会、政治、经济、教育、环境，以及自己的情况都有关系。

认清这些问题会触发心中的痛苦，这是无可避免的。承认它们，并如实地接受它们，不责怪别人，是觉者第一圣谛的要义。他告诉我们，要想追求快乐，就得心平气和地正视痛苦，不生气也不沮丧与悲观。我们必须坦然面对困境，对于还未完全觉悟的人来说，生命的一切经验都会带来某种程度的痛苦。

痛苦可能极微细，也许是一种潜藏的微细不安；也可能比较明显，是对个人、财产或意见的有所坚持。这完全取决于我们的贪、嗔、痴有多少，以及性格与过去的经验。

例如，设想两个人看到同一件事，但印象却截然不同，其中一人觉得它快乐与宜人，另一人却觉得惊恐与可怕。快乐与否都是唯心所造，我们的心创造生活经验，继而又乐在其中，或为其所苦。所以，觉者说天堂与地狱都是唯心所造，就在此世之中。

除非我们达到觉悟，否则各式各样的经验将令所有人深受其苦。我们接下来就看三件事——生死轮回、变化以及无法控制我们的生活。

## 生死轮回

人生无可避免的循环——生、老、病、死——会给人带来痛苦。

婴儿诞生时脸上并非挂满笑容，长大之后，我们渐渐听不到迎接这世界的最初哭声，或许可以说，它转变成内在的哭泣，我们的余生将持续如此。我们哭求许多升的牛奶许多吨的食物许多尺的衣服许多平米的房屋、学校与医院土地许多树以制造书本、纸张、家具许多药丸以治疗各种疾病许多爱我们的人许多可满足需求的方法。若我们并未诞生在这不圆满的世间，则各种的苦都将不存在，痛苦似乎随着每个婴儿一起诞生。

整个社会也为生所苦。随着地球人口的不断增加，我们的空气、水质、土地也纷纷响起警报。有这么多张嘴巴嗷嗷待哺，但资源却日益枯竭，饥荒在世界许多地方蔓延。为了建造道路与房屋，愈来愈多的树木遭到砍伐，拥挤的居住环境造成可怕的疾病散播。这些例子不胜枚举，你一定可以想到更多。

老化的过程也带来痛苦。我们可能已忘记孩提时，为了适应新邻居或新老师所做过的调整，但我们应记得青春期身心调适的困难。成年后，我们经常在完全融入旧环境之前，就得去适应新工作、新关系、新科技、新疾病与新的社会环境。在每个生命阶段中，不舒服的改变似乎都很普遍。

步入老年之后，适应改变的问题变得益发明显。失去年轻时曾拥有的强健体魄是痛苦的，我们知道老化无可避免，但又希望它不要发生，因此感到痛苦。

当觉者说老带来苦时，他其实是泛指成长与衰败。我们知道身体里的每个细胞一直在衰败与死亡，持续被新细胞所取代。心的每个状态也一直在消失，并有新的状态生起。最后，这个衰败与变化的过程使得身心变弱，造成身体死亡。

疾病显然是另一个痛苦的原因。每个人都知道疾病有多么痛苦，疾病事实上会造成两种苦——对于疾病的恐惧，以及它的直接经验。因此疾病是焦虑不间断的来源，在生病时造成痛苦，并在健康时造成恐惧。

人们通常认为痛苦与不圆满苦是同义词，但其实不然。虽然你无法避免伤害与疾病的痛苦，却能避免不圆满苦所造成的痛苦。若你能以特别的方式对身体少一点执着，当它感觉不同时，你就不会那么不满。例如，当提婆达多（Devadatta）扔石头砸伤觉者的脚时，觉者感到疼痛，但因他了解疼痛的本质，因此不像一般人那样受苦。痛苦的感觉通常是可管理的，而“现实”的不满则更深奥且难以克服。

生命中第四种痛苦的形式是死亡——不只是死亡那一刻，

还包括导致它的一切事物。我们都害怕死亡，并担心可能怎么死与何时会死。我们也知道当我们死亡时，得抛下一切事物，我们承受得了吗？当钟爱的人死亡时，我们感到震惊、悲伤与失落，那可能持续好几年，乃至永远。

但生命循环的不圆满苦并不会随着死亡而结束，觉者说死亡不会终结不圆满苦的循环。有些历尽沧桑的人临死前会说："我再也不想这样了。"但那只是空想而已，它无法阻止生命的循环继续。只要我们对实相的本质蒙昧无知，生命就会继续轮回。只要贪、嗔、痴还存在于意识中，轮回就不会结束，过去、现在与未来的轮子，就会继续转个不停。

在那个循环中，前述的不圆满苦会一再重现，这些经验的能量就如我们生生世世一直背在身上的背包。每一次新生，它的内容都会转进新的包袱。当死亡时，无任何物质会跟着我们，但那一包能量——此世与过去诸世的一切心理活动，以及一切有意言行的印记——不只会跟着我们，事实上是它启动新生。

除非我们清空生生世世由贪、嗔、痴所造的一切业果，否则无法跳脱无尽的生死轮回。我们可用这个想法，激励自己尽一切可能善用此生修行，如此才可能达到永恒的解脱之乐。

我们已解释了贪与嗔是强烈的业因，那么觉者怎么说痴呢？它对于不圆满苦的感受有那么重要的影响吗？

"痴"在佛教中有两个意义："无知"，即对觉者四圣谛的意义无知；"邪知"，即自以为了解世间运作的方式，其实不然。

因为对苦谛无知，所以我们相信新工作、新房子与新伙伴将带来真正的快乐。因不知言行的能量会随着人从此世转移到来世，所以我们允许贪欲、嗔恚、疑惑与嫉妒鼓动自己。因不知简单与节制的生活、善知识、禅修，以及以正念抉择经验的真实本质，将在此生与来世带来快乐，所以我们为不积极修行找了无数的借口。

我们甚至不知自己无知。在听了深奥的实相教导后，觉者的侍者阿难对他说："大师！这个教法似乎很深奥，但对我来说却是再清楚不过。"

觉者回答："不，不，别这么说！它不只是看似深奥而已，它就是深奥。"（D 15）

因为无知，阿难对于觉者法音的了解还不完全，因此他并未在那一刻达到解脱。无知使我们如同阿难一样一直困在轮回之苦中团团转。

## 变　化

变化也使我们感受不圆满苦。无论做什么，变化都会使我们和所爱的人分离，和憎恨的人聚首。死亡与距离将我们和所爱的人拆散，朋友搬家、伙伴拒绝我们，这些分离重创我们。失去执着的东西使我们愤怒与悲伤，即使是一些琐碎的事物，当它们损坏或消失时，也可能令我们感到哀伤。

我 4 岁时，有次坐在沙堆上，用手指绕着身体画了一个完美的圆圈。我高兴极了！我的姐姐，大约 7 岁，走过来用脚擦掉圆圈。我气急败坏地追她，捡起一个沉重的小木凳丢向她，到现在她的一根脚指头都还有疤痕。那样的气急败坏与盛怒，那一切眼泪与心痛，都只因为沙中一个转瞬即逝的圆圈！

我们不只会失去所爱的人，还一直得面对喜欢的人与事的不存在——至少不在此时、此地。日复一日和讨厌的人生活或工作使人很不快乐，甚至一些无法控制的事，例如天气，也让我们感到苦。在西弗吉尼亚修行协会，我见过好些人总在抱怨。当天气炎热干燥时，他们抱怨皮肤或鼻窦受到影响；当多雨寒冷时，他们又因担心会在冰上滑倒而抱怨；当天气很好时，他们则因无暇享受这样的天气而抱怨！

当我们环顾周遭时，显然一切存在的事物都会造成苦。为何会这样呢？事实上，世间存在的一切事物都是因之果。大气压力、风与温度的变化都是下雨的因。树的因是生长的种子，以及滋养它的阳光、土壤与水。我们的生命也是因与缘的产物——以父精、母血为身体直接的因，以过去诸世所累积的能量印记为因。

觉者称这些与其他一切因之产物为“因缘法”，他解释一切因缘法都有三种特性。第一，它们是无常的。在时间推移下，大山与蜉蝣、蜀葵与微芯片等一切事物，都会瓦解、变化或死亡。第二，因为这些变化，一切因缘法都是不圆满的。如我们所见，一切变化的事物都可能产生痛苦。第三，一切因缘法都无固定不变的自我或灵魂。最后这个特性最难了解，因此暂时先搁置。

无常很容易了解。事物是短暂的，这个事实不是问题。使人痛苦的是我们对于人与事物的执着。例如我们有件非常喜欢的新外套，但没穿几次，它就沾到一些污垢，或被硬物扯破，或被遗忘在公交车上，我们因而感到气恼。

外套遗失或污损并非什么大不了的事，当然，我们也能轻易地换掉它。但若那件外套是所爱的人赠送的礼物呢？若它是在某个特别的生日、周年纪念日或旅行时购买的呢？这时它更令人爱恋难舍，而它的遗失或受损也更令我们悲伤。

有时人们听到这些讨论会觉得心烦。他们就问："何不谈点快乐的事？为何我们一直谈苦而不谈喜悦、愉快与高兴的事？"

我的朋友，这些问题的答案是"变化"。因为无常，一切愉悦、快乐或高兴的事都不持久。身为明智与成熟的人，我们应心平气和地谈论实相。这个由变化造成的不圆满苦，我们必须正视它，并承认它。为何要隐藏它，然后假装一切都很美好呢？

若勇于正视变化，我们也许会看到它也有向上的一面。我们可以信赖这个事实——生命中存在的一切因缘，同样都会变化，事情可能变糟，但也可能改善。因为无常，我们才有机会学习、发展、成长、教学、记忆，以及做其他正面的改变，包括修习觉悟之道。若一切事物都一直那样，则这些改变将无从发生。不识字的还是不识字，贫穷与饥饿的还是一直维持贫穷与饥饿。我们将没有机会终结贪、嗔、痴，以及它们的恶果。

好了，我们已了解了无常及其造成的苦。接着该怎么了解无我或无自性？它们和变化有何关系呢？觉者说，正因为世间的有情与无情总是在变化，所以它们是无我或无自性的，我们与周遭的一切事物都并非固定与恒存的实体。我们无法把"我"或"我的"标签贴在世间任何东西上，它们都变化得太快了。

我们的色、受、想、行、识、习惯与意图一直在变化，怎么可能指着什么东西说“这是我的”或“这是我”呢？殊不知“这是我的”的观念或看法也在瞬间改变。为了方便，我们可以说“我在这里”或“这属于我”，但我们应明智地说这些话，不可误以为这就表示有个不变的实体——“我”存在。外境也一直在变化，我们可使用惯用的标签说“这是一把椅子”或“这是一只黑猩猩”，但这些标签并不等于我们经历的变化实相。

此外，我们与其他一切事物都处于过程中，在生、住、异、灭的相续之流中，世间或自身并无任何独立恒存的事物。看自己的心一分钟，你就会明白我的意思。记忆、感情、观念与感受飞快闪过意识的屏幕，我们根本抓不住它们。因此，以贪取之心去执着这些飞逝的影像，或以嗔恨之心排斥它们，没有任何意义。若我们的正念迅速敏锐，当它处于深定的状态中时，就可以清楚看见变化，直到完全没有我见为止。

有些人听到无我的教法时，会感到沮丧与失望，有些人甚至还会生气，误以为生命将因此没有意义。他们不了解，依据无我的见解生活者才是最喜悦与最有意义的。

有一次，我拿一份文稿给一位朋友，他是位专业编辑。我预估这份工作大约只需花他一个小时，但过了6个月还没有任何消息。最后他来找我，我们一起去散步。他绝口不谈我的文稿，这时我意识到这个问题有点棘手。我小心翼翼地开启话题：“你看过我的稿子吗？”他沉默了一阵子，然后回答：“德宝法师，我看过了。当我看到无我的教法时，我愈看愈生气，最后气得我把整份文稿摔到一边！”我吓了一跳，但我没和他吵架。反之，我放下对文稿的执着，他因为无我而摔我的文稿，我则因因为无我摔文稿的他继续保持轻松、友善与平静。然而，这个人却因为执着自我而僵化、烦躁与不快乐。

你了解接受无我的概念有多么困难了吧！但只要你保有这个自我的概念，就会感到不舒服、僵化与固执，而人们也会觉得你的自我本位很讨厌。当有人因某件事而反对或指责你，当某件事情令你失望或不如你意，甚至即使在别人提供建设性的建议时，你都可能感到心烦或愤怒。正确了解这个无我的观念，你将感到轻松自在，将能轻易地和任何国家的人打成一片，将不卑不亢地与人相处，将无入而不自得，且所有人都会觉得和你在一起很舒服。

只要确实了解了无我，无论你到哪里，无论别人待你好或坏，你都可以感到快乐与自在。别让这个教法令你感到沮丧或愤怒。

至于现在，我们应先满足于尝试在理智上接受这个观念。而随着正念的不断增长，将来一定能直接亲证诸法无我或无自性。一旦达到这点，对我们而言，来自变化的苦果将永远结束。

觉者与其他已达到正觉的大士都是此事最好的证明，觉者已完全解脱自我的概念。当然，在达到觉悟之后，觉者继续生活在社会中。为了世俗的目的与方便沟通，他继续使用世俗名词，例如“我”或“我的”。若你这么做也没问题，驾照上的名字不可能是个绝对正确的标签，或一个永恒身份的保证，但对于处理日常生活俗事而言，它却很方便。

但当正念引导你觉悟过去一直顽强保护的“自我”，事实上只是个幻相，是不断变化的感受、情绪与身体状态的相续，并无固定恒存的实体时，你会发现没有一个执取世间无常事物的“你”，你当然也没有理由不满或痛苦。

**无法控制**

若我们真的可以控制生命，那么就没有理由会痛苦。事实上，我们无法控制它。一次次我们得不到想要的，却得到不想要的东西。

我们希望永远都有完美的工作、办公室、上司与待遇，但它们却会变化，且原因与时间不确定。我们希望保有所爱的人，但无论对他们如何爱恋不舍，终有一天还是得分开。就拿健康这件事来说，虽然服用草药与维生素，加上运动健身和正确饮食，但我们还是会生病。我们希望青春永驻，希望老化只发生在其他人身上，但随着时间的流逝，我们发现身体另有计划。无论身处于何种理想的情况中，自然会希望留住它，但我们控制不了无常法，这是一切事物存在的定律，我们对它束手无策。

发生我们永远都不想要的事，也是令人痛苦的，例如被蜜蜂螫到，或喜欢的电视节目被临时取消，或有人闯入车内，或失去工作，或心爱的人罹患癌症，或珍贵的结婚照、棒球纪念品被烧毁，或小孩发生意外，或染上毒品。丑闻、指责、蒙羞、失败、饥饿、失去商品、失去所爱、身体恶化——许多不好与讨厌的事，发生在我们与我们想要保护的人身上，但我们对它们却一筹莫展。

“好吧！”你也许会说，“够了！”但事情仍未结束。若仔细观察，就会了解即使愿望实现也是不圆满（苦）的。

例如你想要一套漂亮的房子，所以买下它，看看你会遇到什么麻烦。你必须还贷款、缴税，保护、守卫、装饰、修理与保养它。然后，你时常不在家，一大早就得去工作，到了晚上也许还要去参加宴会或看电影，回家睡五六个小时，然后再次出门。毫无疑问地，这套房子很大也很漂亮，不过你得持续付账单，割草、修理屋顶与打扫车库。你得到了想要的东西，但你快乐吗？

让我们看看另一个例子。有个男孩喜欢某个女孩，而她也喜欢他。他们彼此都很努力地吸引对方，但一旦开始交往，他们都很害怕。他害怕她会爱上更英俊的人，而她则害怕他被更迷人的女孩拐走。嫉妒、怀疑、担心，这样快乐吗？

你不难想到其他的例子。只要看报纸，可能会看到因买彩票中大奖的幸运儿往后却生活得很悲惨。所以有此一说，生命中只有两种悲剧——得不到想要的以及得到它。

### 真实的感知

觉者尝试为我们厘清此事，即世上的每件事物都会为迷昧无知的众生带来痛苦。他列出“五蕴”，涵盖事物的每个可能的方面：色、受、想、行、识。“色”是指一切物质存在，包括身体，以及感官接触到的事物。

另外四蕴则涵盖一切心理经验。在列出招致痛苦的一切事物的最后，觉者说：“总之，五取蕴是苦。”（D 22）

这是怎么一回事？为何不圆满苦会完全席卷我们生活的

每个方面？对此觉者解释，我们的苦受来自对于经验的感知与思考方式，它的运作方式非常微细。

我们都知道，我们是透过五根去感知这个世界的：以眼见色，以耳听声，以鼻嗅香，以舌尝味，以身感触。觉者还提到第六根——意根，因为我们的心也能感知观念、思想、意象与情绪。到目前为止，一切顺利。

六根实际感知到的是经验的原始数据，或以心的情况而言，是经验的意象——颜色、形状、大小、密度、音高、硬度与粗细。当然，我们知道，认知因人而异，这取决于感知者的六根状态，重感冒者的嗅觉与味觉可能变差，听力受损者可能听不到低频的声音。因此，感知是主观性的，完全取决于感知者的感官机能。

我们都知道这些差异，但心戏弄我们。它让我们相信感知是坚实与可靠的，它鼓励我们将此事视为理所当然，即我们注意到的特质真的就是我们所观察到的事物的一部分，而非不断变化因缘的结果，这些因缘包括自己感官的变化因缘。

不仅如此，在我们感知某事之后，心不管它是什么，立即加以分类或判断，并把事物或经验放进三个箱子之一。第一个箱子是标示为“乐”的感知——刚出炉面包的味道、小提琴协奏曲、光辉的夕阳。第二个箱子装的是“苦”的感知——父亲死亡的回忆、头痛、警笛的呼啸。放进第三个箱子的是“不苦不乐”的感知——我们有中性反应的那些事物与经验。

当然，因为我们的心还未断除贪欲，因此执取乐；因为嗔恚，而排斥苦；因为愚痴，而忽略不苦不乐，且视一切对象——乐、苦、不苦不乐——为永恒，具有自性，且能带来永远的快乐或痛苦。

觉者如此解释这个扭曲或错误的感知效应：

> 缘眼于色而眼识生，三事和合而有触。缘触，而有受。若有受，便想。若有想，便思。若有思，便念。若有念，便分别。源此分别，衍生感知与种种概念，使人由眼认知过去、未来与现在诸色。（依此类推耳、鼻、舌、身与意）〔M 18，菩提比丘（Bhikkhu Bodhi）英译〕

反之，真实或善的感知，既不执取，也不排斥，它如实感知无常、苦、无我。当以善的方式感知世间时，我们便是在修习善念。真实的感知是具有强力疗效的，若我们如实观察人与物为无常、苦与无我，则没有任何感知的事物能令我们痛苦。

真实的感知是正念禅的目标，“真实”的意思是不逃避自身与世间的事实。

透过正念觉知，我们学习务实地观察存在，知道它不总是美好、愉悦与快乐的，了解生命是苦乐参半的。我们在身心痛苦刚产生时便察觉它，并观察它如何生起、会持续多久、如何消失。正念禅如减震器般运作，若你逐渐习惯去面对日常生活的不圆满苦，并觉知它们是自然的事件，当你遇到困难或痛苦的情况时，就能勇敢与平静地面对了。

当我们能无惧地正视痛苦时，也一定能认出真正的快乐。

## 了解第二谛——苦的因

觉者的第二谛告诉我们不圆满苦的因是贪欲，我们也称之为贪爱、欲贪或贪着。它可能是任何对象——美食、亲爱的朋友或崇高的精神目标，若贪着它，我们就会感到不满足与痛苦。

你也许会问，贪欲来自何处。最明显地，它来自身体的原始冲动——活下去的欲望，对食物、衣服、住处、温暖、多样化与欢乐的渴望。贪欲深植于人类心中，也深植于动物体内，甚至连植物也似乎有某种欲望，因为它们会为了光线与温暖而转向太阳。另外一个贪欲的来源是社会的制约——我们从父母、家庭、朋友、学校、广告与书本学来的看法与价值，它促使我们相信某些东西是好的，而其他的是不好的。

最强的贪欲基于乐受，生命透过各个感官提供我们难以抗拒的欢乐。例如视觉，你的眼睛舒适愉快，眼识也一样舒适愉快，接着是色境、眼触、所见的感受、色的认知、欲求色法、想念它们、分别、幻想等，一路往下推演。同样舒适愉快的感觉，也从耳朵、鼻子、舌头、身体与意识生起。每天你都有机会透过感官，接触使人舒适愉快的对象，然而仍感到不快乐。

觉者在第二谛中提醒我们，我们对感官欢乐的贪着是会危害快乐的。他将感官欢乐比喻为将一根没肉的骨头丢给一只饿狗，虽然狗啃这根骨头很久，但骨头永远满足不了它的饥饿。细想之后，你会发现自己就像这样，无论你有多少的感官欢乐，仍渴望更多。

多少土豆片才够？多少块巧克力才够？要玩多少个电动游戏或读多少本小说，才能满足你对这类经验的渴望？要多少的性行为才会满足你的性欲？多少的酒精或毒品才能满足你的欲望？有时人们彻夜狂欢直到昏倒，他们感到满足吗？你永远能想到一些还未尝试过的有趣的事。

觉者将感官欢乐比喻为涂上蜂蜜的利刃。为了尝蜜，人们甘愿忍受剧痛。我们都能想到人们为追逐欲乐，而伤害自己甚至害死自己的例子。几年前报纸上刊登了个故事，有个修理屋顶的工人透过天窗看到裸女在屋内走动，为了看得更清楚，他不慎从天窗滑落，跌入屋内且严重受伤。

酒精、毒品、探险与危险娱乐，更别提随便性交，都使得许多人痛苦不堪。

此外，感官欢乐并不持久，如梦一般，欢乐瞬间即逝，迅速从你身边溜走，除了感受与记忆之外，什么也留不住。就如借来的商品，它们不属于你。你愈执着欢乐，当时间、变化或环境无可避免夺走它时，它对你的伤害就愈大。

欲望来自乐受与苦受。欢乐生起时，便有执取它与永久持有它的欲望；而当痛苦生起时，便有拒绝它或避开它的欲望。因为对乐受的贪着与对苦受的憎恶，你便经常寻求取乐或避苦的经验，一旦发现某事有助于达到这个目标，你就变得偏心且有成见。这个心态让人执着，为了保护或保持所拥有的事物，人们不惜说谎、毁谤或侮辱他人，甚至拿起武器捍卫以为是属于自己的东西。

欲望也导致心理的痛苦。由于来自色、声、香、味、触、法等可喜之触的感受，人们思考、合理化、架构理论、架构哲学、推测与架构概念，而逐渐形成错误的见解与信念。回想过去愉快的感觉，人们萌生更多符合欲望的想法、信念与理论。

有些人着迷于他们的欲望，因此希望转生去重享一切欢愉的事物。有些人则因过去曾有的不愉快经验，而希望别再转生。“就这样！”他们说，“一生足够了，我不需要更多这样的事。”

其实，欲望来自无明——不了解事物不持久，以及欲望创造痛苦。当感官接触某种令人愉快的事物时，无明的心就动念去抓取与执着于它。反之亦然，当感官接触某种令人不愉快的事物时，无明的心就动念去闪躲与逃避它。因为这些心念，人们才会不顾报应，犯下身、口、意的恶行。因为欲望，人们扭曲实相，并回避承担自己行为的责任。

### 对自己的行为负责

觉者对于因果的教导清楚地说明，个人幸福与满足的基础是对自己的行为负责。否认自己的缺点，并将不满归咎于世间，将使你一直处于痛苦中。不好的事会发生在每个人身上，只要将问题推给父母或社会，你就给了自己不改变的借口。一旦对自己的情况负责，即便别人也有责任，你将开始在正道上前进。

对我来说，我们扭曲实相、借口不负责的方式至少有三种。第一，我们认为不快乐是由外在世界所引起，因而把一切精力与心神导向外在。我们专心致志，甚至有时着迷于尝试清理周遭的人，好像只要他们完善，就能带来解脱。我们有时甚至尝试整顿社会，以为只要改善社会缺失的状况，就能解决自己的问题。“只要饥饿、战争与污染消除，我们就会快乐。”

想要改善社会当然值得赞许，我们看见人们的苦难，悲心油然而生，因此积极地去减轻他们的痛苦。但当尝试使别人改正时，我们经常忽略一件事，忘记或隐藏了自己的问题。我们的借口是，社会上有那么多缺失需要整治，哪有时间去改善自己。

事实上，我们可能缺少诚实与勇气，去检视自己真正的动机。投入社会运动的人可能很有同情心，并热衷公益，但有些人不敢承认自己真正的动机。我们都知道帮助弱势能带来权力感，那是在和不需依赖我们的人共事时所得不到的。渴望权力是原始的本能，我们需要更多的诚实，去看清帮助别人有多少成分是发自这个渴望。认清行动背后的动机，能帮助我们实事求是地在拯救别人之前，先整顿好自己的家。

第二，坚持问题和我们无关。我们只在乎自己的目标与欢乐，而很少去考虑这种做法对别人有何影响。在内心深处，我们可能认为外在世界不重要，甚至在某种程度上是虚构的。若能聆听自己的心念，会听到自己说：“只有我存在，只有我关心的事才重要，其他的事都没关系。”

看看公众人物吧！他们嘴上说的是一套价值，但私底下做的却背道而驰。这些人只在乎自己。有些诚实一点的人承认，他们真正渴望的目标是财富、权力或声望，然而，他们还是找到一个不为自己行为负责的方式。他们以此方式欺骗自己，认为自己追求的目标比任何事都重要，或相信只要达到目标就会快乐，不管一路上谁会受伤。

第三，干脆逃离它们。我们都如此做，看电视或翻冰箱找巧克力、冰淇淋，是回避诚实自省的典型方式。你哄骗身心，让它们舒服与放松，然后上床睡觉。随着时间的流逝，除了变老与变胖，其他什么也没改变。挑战的关键是，有勇气去问为什么。

我们不时地放纵自己以这些方式逃避责任，它们带来一些暂时的慰藉与安逸，但对于我们的问题无法提供真实与持久的解答。无论如何尝试改变、忽略或逃避世界，你都还得为自己的行为负责。生命上下浮沉，都是我们所创造，这个乘载工具——我们的身心组合——充满艰险。根据觉者的教导，唯一有效的事是，设法改善唯一有能力使自己与世界快乐的工具——自己的心。

## 了解第三谛——苦的止息

觉者的第三谛是承诺有苦灭，那个灭来自完全断除一切执着、一切贪欲。我们已了解有因果业报，以及应为自己的身、口、意行负责，由此不难了解我们对于自己的苦灭扮演的重要角色。但此时，我们很难想象全然的快乐是什么样的感觉，永远没有贪或嗔的感觉是怎样的。

这个问题也出现在觉者的弟子中间。有一天，觉者的两位上首弟子之一、本身已觉悟的舍利弗尊者，和一群比丘们讨论佛法。他们问他：“尊者，这个被觉者称为‘涅槃’的永远快乐的状态，被说成非经验的快乐。不被经验的事如何被称为快乐呢?”

舍利弗回答：“它正因此而被称为快乐。”〔A IV（Nines）IV .3〕

换言之，快乐由不被经验的事所构成。第三谛教导我们，快乐就是泯除内心的一切不善法——一切贪、嗔与痴。当我们最后终于成功地熄灭燃烧眼、耳、鼻、舌、身、意的内在之火时，我们将体验完全的快乐、安稳。我们可能很难想象这种状态的感觉是什么，但唯一的解答是遵循迈向这个目标的正道。

比丘们告诉舍利弗，正如我们许多人，希望在道路的起点便知道它的终点。这就犹如问一个少女：“你生小孩时的感觉如何?”少女从未生过小孩，她必须长大成熟才能拥有那个经验，或许可根据阅读或传闻说一些关于生小孩的事，但她无法表达整个经验。

即使母亲也可能无法讲清楚生孩子是怎么一回事，她只能叙述自己的经验，但未曾生过小孩的听者仍无法了解母亲的感觉是怎样的。

觉悟的永恒之乐就像这样，它只能被那些已做好准备的人所了解，并亲自去体证。

假设少女去找父亲，并问：“爸爸，你和妈妈是什么关系?”

父亲可能回答：“亲爱的，出去玩，以后我再告诉你。”

或许当她长大准备要结婚时，父亲会对她说：“很久以前你曾问过我，我和你妈是什么关系，现在你还想要我回答那个问题吗?”

女儿回答："不，我已知道答案。"

女儿已成熟，已知道问题的答案。试想若男女之间的世俗经验都如此难以解释，那么要了解解脱痛苦的永恒之乐有多么困难！

现在，我们的心充满各种观念、意见与看法，其中许多都是源自贪、嗔、痴。在断除负面的心态之前，要想了解涅槃的永恒之乐是不可能的。我们能做的只是引用已达到觉悟的那些人所说的譬喻、寓言与例证，然后尝试逐步得到一些推理式的了解。例如：

从前有一只乌龟，它和鱼及其他水中生物生活在一起，突然有一天它消失了。当它回来时，鱼群问它去了哪里。

"陆地。"乌龟告诉它们。

它们问："那里的水怎么样？"

它回答："陆地上没有水。"

"那你怎么游泳？"

"我不游泳，我走路。"

"走路？'走路'是什么意思？你在那里发现了许多鱼吗？"

当乌龟尝试解释时，鱼以怀疑的口吻说："没有水，没有鱼；你不能游泳；你又说你'走路'，这怎么可能？"

乌龟回答："你们似乎只是想满足自己的怀疑，那么就让我回到陆地上去吧！"说完，它便消失了。

# 第一章
# 正　见

就如鱼永远无法想象陆地的概念一般，为贪、嗔、痴所苦的人无法了解涅槃。要想了解，你得超越内心一切不善法，并亲自去证悟。

除非你如此做，否则对觉悟之乐的经验，顶多只是有时片刻放下负担，或“心”就只是心，不掺杂其他东西时所达到的幸福感。此时所得到的推理式了解，可被比喻为你在沙漠中感到疲惫又口渴，发现一口深井底部有水，但无桶或绳子，不过你太虚弱了，以致即使有工具也吊不起一桶水。因此，只能眼巴巴地看着水，但得不到它，更别说喝到一些了。同样地，当心暂时无贪、嗔、痴时，你能察觉涅槃的安稳，但无可用的工具达到它。断除贪就如找到布施的绳子，解脱嗔心则如把绳子系在慈悲的桶上，而双手的力量就如无痴的智慧。当把这三者聚在一起时，你就有办法尝到涅槃的至福滋味了。

这个至福的状态难以形容，它唯一的特色是安稳。它是不生、不造作与无为的，我们顶多只能说这个状态没有什么。它对于人、事与经验并没有爱、取与执着，没有嗔恚或愤怒，也没有常、乐、我等邪见。

还在此不圆满世间享受现世生活的困惑众生，对此叙述可能会说：“觉悟听起来好像不太有趣，我不确定自己想达到那个状态。那里有房子吗？有家庭、学校、医疗保险、医院与好的道路吗？”我曾被问过这些问题。

我们必须回答“没有”。还贪爱生命，贪着无尽轮回的人，并无想达到究竟安乐的清净心。这种人不了解觉者的第一谛——不圆满苦是无法避免的；或他的第二谛——贪欲有多少，痛苦就有多少。没有这些基础正见，不可能了解觉者的第三谛——当一切执着、一切贪欲熄灭时，苦便止息。

你也许会质疑，对于菩提与解脱轮回的欲求是否适当。答案是“是的！”这是非常好的欲求，名为“无欲之欲”。

## 了解第四谛——道

觉者的第四谛是导致苦灭之道。它的八个步骤为那些遵循它们的人带来安稳与快乐。往后我们会详细检视各个步骤，这里先做个速览：

- 第一步：正见。了解因果业报与四圣谛，以及它们如何契入整个佛法体系。
- 第二步：正思维。介绍三个正面思想——舍、慈与悲。
- 第三步：正语。解释不妄语、不两舌、不恶口与不绮语的意义。
- 第四步：正业。介绍道德生活的原则：不杀生、不偷盗、不邪淫与不使用麻醉品。
- 第五步：正命。解释为何选择适当的工作或职业对于修行很重要，以及应如何处理职业道德的问题。
- 第六步：正精进。介绍加速修行的四个步骤——断除已生之恶法，使未生之恶法不生，使未生之善法生起，使已生之善法增长。
- 第七步：正念。指修习正念禅，尤其是修习四念处——身、受、心、法。

- 第八步：正定。指禅修中可能达到的四种禅定。

这八步不只是觉者所教导的有趣的观念列表而已，它们是你觉悟最有希望的寄托。若八正道只是你匆匆一瞥，然后就丢在一旁的东西，则你已错失了它们的潜力，没有其他教法比觉者的法音更深奥与重要。事实上，这八正道就是觉者的法音。

这八正道经常被描绘为轮子——清净之轮，和生、死、转生的无尽之轮相反。清净停止反复的生死循环，清净之轮上的轮辐即觉者的八正道，它的轴心是慈悲与智慧。反之，生死之轮的轮辐是我们过去与未来在三界苦海中的多生多世，这轮子的轴心是贪、嗔、痴的组合。

这两个轮子一直在转动。我们环顾周遭无尽的生死循环，植物、动物与人一直在出生与死亡。清净之轮的转动较难看到，但它就在那里。我们周遭，人们正在修习安乐之道。因为修行有活力，一直在积极运作，所以轮子在转动。这两个轮子的环状都象征圆满，生死之轮是圆满的封闭系统——它是维持痛苦的圆满系统；而清净之轮的环状则象征八正道是完整与圆满的。

为了解脱痛苦，你应落实清净之轮每个方面的修行方面。只是阅读它们的相关内容，无助于让生活更快乐。若你尝试让脚踏车的轮子直立，它会倾倒。然而，若你骑在车上让轮子一直转动，只要动作不停止，轮子就会保持直立。为了使你自己受益，正见之轮也需要通过每天的修行一直运转。

## 正见修习

举个例子，看看如何修习八正道的第一步——正见。想象一天早上打坐时感到脚痛，你未能注意感受的生与灭，为疼痛所苦，内心的痛苦让身体的疼痛变得更糟。若你具有正念，这问题就不会发生，但现在你卡在这里，你应怎么办？

你可以利用觉者的八正道来克服疼痛所造成的痛苦，这是个观察四圣谛运作的好机会。

虽然我们前面以特定顺序描述八正道，但你无须依顺序来运用它们。就如你在厨房中烹调，所有锅子都按大小悬挂，一切器皿都井然有序地排列，你不会依排列的顺序来使用这些器具，而会按当时的需要随手拿起汤匙或锅子来用。同样地，把八正道纳入日常生活中，再根据需要挑选与使用所需的任何步骤。

首先，你只是察觉疼痛以及对它的抗拒，这时你使用的是八正道的第七步——正念。依正念，你开始觉知"这是痛苦"。当看见痛苦的真谛时，你正在看见第一圣谛，它真实呈现在眼前，此时你开始运用八正道的第一步——正见。

在正念的注意下，你很容易便察觉，愈抗拒疼痛，感觉上便愈糟，因此你努力克服憎恶。这涉及八正道的第六步——正精进，通过放松与修习慈心来放下憎恶，假如你还了解到脚痛和身体其他的感觉同样值得慈悲对待，如此你便开发了八正道的第二步——正思维的一个方面。

然后你可能察觉，痛苦不是只因憎恶而生起，而是因想要感觉更好。例如你可能心想："若能安稳地打坐，没有这个疼痛多好！"看见你的贪欲与痛苦的关联，你可能会洞见第二圣谛——贪欲造成痛苦的真谛。现在你的正见又更往前迈进了一步。

随着打坐洞见第二圣谛，贪欲与痛苦之间关联的觉知愈来愈强，你也进一步修习正念。因对贪欲如何导致痛苦看得非常清楚，你对治贪欲的决心遂油然而生。奋起精进，你再次运用正精进，这一次，你是为了舍弃对于乐受的渴爱与执着。这种想舍弃的念头，即为人所熟知的"出离"，是正思维的另一个方面。

也许你最初对疼痛的反应是失望与挫折，并因而产生自责或其他无情的想法，现在你发起正精进舍弃它们。如此做的同时，你再次运用正思维。请注意！若你过度精进，可能会使疼痛与紧张加剧。然而，秉持正念，你看见那个问题。此时正思维再次派上用场，这次你以对自己慈悲的想法让心平静下来。

如此成功地修习正见、正思维、正精进与正念，可以让你的心平静下来。心变得愈来愈集中，这是八正道第八步——正定的表现。有了正定，身心的疼痛将会消失，随着疼痛的消失，你将感到喜悦、平静、安稳与快乐，这些特质又辗转加深禅定。

更深的禅定使正念增强，你持续检视自己的经验。你看见因放下对乐受的贪欲，疼痛消失。然后随着第三圣谛的逻辑与力量变清晰——贪欲灭导致苦灭，你的正见增长。

你可能察觉在这个例子中，我们并未提到正道“戒”的方面——正语、正业与正命（第三、四、五步），但它们也扮演了重要角色，因为它们是良好生活的关键。不道德使心不安定，使禅修即使在舒适的环境中也变得困难。在面对身心疼痛时，保持集中与维持强烈决心之前，你需要一个好的道德基础。

因此，当正确运用觉者的八正道时，你会在其中找到离苦之道。如此做时，你见证了第四圣谛——灭苦之道，即遵循八正道。现在你已接触了正见的四个基本方面。

通过在这类情况中亲见四圣谛如何运作，你领略到如何在生活中广泛运用它们，如是清净之轮得以持续转动。

## 正见修习要点

以下几点将帮助你由修习正见获得快乐：

- 正见引导我们根据因果与四圣谛的见解来行动。
- 依照“业”的法则，善行造成乐果，恶行则引发苦果。
- 发自贪心、嗔心或痴心的行为导致痛苦，因此是不善的或错误的。
- 发自无贪、无嗔或无痴的行为导致快乐，因此是善的或正确的。
- 四圣谛宣说苦、苦的起因、苦的止息与导致苦灭之道。
- 面对苦谛有助于我们认识真正的快乐。
- 生、老、病、死、爱别离、怨憎会、求不得与得到不欲之事物——这些都是苦。
- 当我们无法接受一切现象皆为无常、苦与无我时，痛苦就会生起。
- 贪欲是痛苦的根本原因，贪欲有多少，痛苦就有多少。
- 我们必须为自己的贪欲与由它发起的有意行为负责。
- 当为自己的有意行为负责时，我们改变自己的行为。
- 有苦灭。
- 觉者的八正道为我们指出达到究竟安乐的灭苦之道。
- 正念能帮助我们了解四圣谛与八正道。

# 第二章

# 正思维

思维能令我们快乐或痛苦，这一点也不神秘。例如，在一个春光明媚的日子，你坐在树下，除了微风轻拂过发梢之外，什么特别的事也没发生。也许你想起几年前另一个春天，那时很害怕，你失业了，或没通过考试，或猫走丢了。那一刻立即转为忧虑。“若我再次失业怎么办？我为何要对某人说某话？无疑会有事发生，而我将被撵走。现在，我真的惨了！我如何支付账单？”忧虑接踵而来，没完没了，你很快就感到生命黯淡，但此刻你正坐在树下呢！

对我们来说，幻想、恐惧与其他各种妄想是个大问题。我们似乎很容易陷入不健康的思维模式——掉进意识里凹陷的沟槽，使我们一直绕着通往痛苦的熟悉轨道转。

觉悟之道的第二步提供我们摆脱这模式的方法，将思想重新导向正面与有益的方向。当我们透过正见随念要点开始正确地了解事情时，心自然地流入正思维。这里的思维不只是指思想，还包括任何有意的心理状态。随着开始了解贪欲是苦因，我们明白带有爱、憎的思想总是导致痛苦。正思维包括断除恶念，例如执着、嗔恨与残酷，而代之以善念，例如放舍、慈爱与悲悯。这些正思维的作用是对治妄想与忧虑，并帮助我们走上安乐之道。

## 放舍

放舍是贪欲或执着的反面，相当于最高意义的布施。在成佛之道上，我们将有机会舍弃或放舍阻碍追求究竟安乐的束缚——财产、人、信念与见解，甚至对于身、心的执着。

当人们听到这点时，有时会开始担心，以为要遵循觉者的教法就得抛弃一切并出家。虽然成为比丘或比丘尼确实是修布施的方式之一，他们大都能放舍繁忙与以家庭为中心的生活，但需要拒绝的不是拥有的东西，或家庭与朋友，而是认为“它们属于我们所有”的错误想法。我们需要放舍执着于生活中的人与物质以及观念、信仰和见解的习惯。

### 放舍对物质的执着

放舍是渐进的过程。在我们实际舍弃某种事物之前，必须先修布施念，通过仔细思考布施的意义，以及检视修习它的陷阱与利益而完成它。一个不错的入手处是从最简单的布施形态——物质布施开始。

首先注意心如何哄骗我们回避布施的念头。我们告诉自己，要布施一定得先拥有很多可以给予的东西。我们说：“等我发财之后，我会为无家可归的人盖房子，还盖医院与禅修中心。想想我能帮助多少人！”因此，我们一点一滴四处积攒与投资，随着投资的增加，愈来愈忙着照顾它们，且愈来愈执着所拥有的东西，最后我们变得没时间行布施。

心会要的另一个诡计是，为布施附加别有用心的企图，例如我们发现给某人礼物会感觉优越。有时我们享受给礼物的经验，甚至超过受赠者得到它的感觉，“给予”让我们感到骄傲。我们的自我对于礼物有多美丽或昂贵，或对于它传达出我们品味高尚或风格独特的信息，而感到高兴。此外，我们可能私下觉得获赠礼物者现在欠自己一份人情，甚至利用过度的布施来贬抑受赠者。当我们把某样东西给出去时，某种寻求满足的感觉元素通常存在。“给予”让我们感觉优越，或让别人对我们有好感，或欠我们一份人情，这令布施走样。

另一种不怎么善巧的给予是为回避苦受而馈赠。例如，某个家族捐款，是为了让公园或公共建筑物以其去世亲人之名而命名，这样的捐献可能只是将对其亲人的执着，转移为不朽的遗址。真正的布施不只要放舍财富或资产，更要舍弃对过世者，以及对悲伤或愤怒感受的执着。我曾认识一对富有的夫妻，他们在痛失独子后捐出拥有的一切。虽然展现捐钱的义行，但他们其实是因愤怒而给予，想通过惩罚自己来缓解悲痛的感受。寺院与慈善团体可能因这笔馈赠而获益匪浅，但布施者则没有完全受益。另外，人们可能还会为了把悲伤化为仁爱与慈悲的想法而奉献，这种布施就是善巧的，且有疗愈的功效。

最好的布施是不求任何回报，甚至连感谢也不需要，我们是在了知内心本自具足一切安乐之下而给予。这种布施是被完全而非减损的心态所推动，不具名付出、不知受赠者是谁，是极好的布施方式。默默付出，不大肆宣扬，能减轻贪欲，且降低我们对所拥有事物的执着。

物质布施的最高形式是冒着生命危险援助他人，有一次我在新闻上看过一个人在一场可怕的意外后如此做。在 1983 年某个寒冷的冬日，一架从华盛顿特区飞往佛罗里达州的飞机，因双翼积雪过厚而无法拉高，结果撞上第十四街桥。机上多数人员死亡，许多人掉入冰雪覆盖的波多马克河，撞穿冰块跌入冰水中。

在一个地方，人们浮出水面爬上破冰，一架救难直升机接近，并把绳索抛到某位男士伸手可及之处。但他并未抓住它以挽救自己的性命，而是帮助一位女士抓住绳子，她被载往安全地点。直升机返回后，这位男士虽浑身冰冷，但他再次把绳索交给另一位女士，她也安全获救。当直升机第三次返回时，他已冻死了。

但要修习布施，我们无需一个英勇表现的机会，也无需很多财富，只需要愿意付出自己，即使以微小的方式。例如，可抱持那个想法，花时间陪伴人们，帮助他们克服寂寞。更好的是，可和他们分享所学到的觉悟之道，以及所知道的正念与禅修法，帮助他们克服不圆满苦。

## 放舍对人、经验与信念的执着

我们将逐渐发现，痛苦来自执着任何一种事物——色、受、想、行、识。放舍对人、经验与信念的执着，比物质的布施更困难，但它对追求究竟安乐却更重要。

执着色身有两个方面，最明显的是执着生命中的其他人。执着和关爱不同，和关心某人幸福且希望其快乐不同，是一种嫉妒或疯狂的占有欲，想要拥有另一个人。我们不难想到夫妻尝试拥有彼此，却因占有欲太强而渐行渐远，或性格跋扈与具占有欲的朋友扼杀友谊的例子。在人际关系中修习布施，意味着信任对方，并给他或她保有空间、自由与尊严的权利。

然而，即使良好的关系也可能有执着的元素。所有快乐的配偶都希望他们的婚姻能持续，其中总是潜存着恐惧的元素。“他会离开。”“她会死。”想到这些可能很难受，但我们必须谨记一点，每一段婚姻无论多么快乐，终必以分离收场。即使是一起居住 50 年且一起辞世的幸福配偶，在死亡时也必须分开，根据过去所造的业分道扬镳。

对身体更微细的执着是对色身的贪爱，以及相信自己能控制它。无论现在身体多健壮，我们知道它会随着年龄的增长而衰败，变得虚弱与病恹恹。此外，我们无法控制身体的状况，以及下一个感受是快乐或痛苦，也无法控制思绪之流涌进内心。例如，试着别想狗的形象，办得到吗？我们甚至连这个也无法控制。

我们尝试不断建立概念与形象，牢牢系住我的房子、车子、工作、身体，就好像它们是我们可依赖的独立存在体，借此以保护自己免于受到经常变化的突击。其实维系它们的最底层因素是恐惧，无论我们抓得多紧，时间一到，世间的一切事物依然流转与变化。我们紧握不放的概念与形象，将会像玻璃般粉碎，那时我们将多么痛苦啊！

拥有、贪取或执着任何东西将使生命更痛苦，使用物资而不执着，有助于我们在它失去、毁损或被偷时免于心碎。此外，执着家庭、朋友或个人身份的意识——头衔、职业、家庭背景、社会地位，当这些概念消失时，无可避免地将带来痛苦。当不执着时，心始终处于安稳中，这个放松的态度会抚慰我们，使我们感到舒适，并减少压力、焦虑、担心与恐惧。

培养不执着的态度，首先需花一定的时间独处。许多人因害怕孤单，而执着于有人陪伴，但独处并非孤单寂寞。此外，独处为我们创造思考、反省与禅修的空间，使心远离喧嚣与贪着。经由独自修习正念与禅修减少贪、嗔、痴，我们便加强了和别人在一起而不执着的能力。当内心安稳时，我们可以有同伴，但无贪着与随之而来的痛苦。

觉者每天和身边数千名比丘、比丘尼与在家人一起步行数里，有些人或和他同住，或谈话，或和他讨论他们的问题，有些人或来请教，或来争论，或只是单纯前来听开示。即使在群众中，觉者内心始终保持闲居独处，他不贪着的态度是完全的。偶尔，有些追随觉者的比丘、比丘尼与在家弟子们在森林中独处，完成他们不贪着的修行。但他们不会永远住在森林中，一旦断除贪着，便学习维持坚定与安稳的心和其他人同住。

那种心态被称为“出离”。出离不只是针对比丘与比丘尼，而是针对任何喜好独处或向往无拘无束生活者所说。所有出离者，包括比丘与比丘尼在内，都有与人同住的时候。

正思维随念有助于我们创造稳定的心，而不受外在环境或其他人的变量干扰。我们学习如觉者般始终保持内心出离。

断执还需要我们出离对于信仰、见解与观念的爱着。这点很困难，我们很容易通过思考各种议题，而导出定位自己的自我意识。在别人批评自己所支持的政治候选人或公共政策主张时，我们经常会陷入身份认同的困境，感觉自己遭到了攻击。但观念、意见或看法也同样受制于无常的法则，回想你 16 岁或 30 岁时相信什么，就会了解个人的信念有多么善变。

综观历史上世界各地的人们，无不以所珍爱的主张或信仰为名而开战。人类为了保护自己的物质财产而杀戮的人数，远不如为了保护不善的信仰，诸如种族或宗教偏见而杀戮的人数。想想导致战争的偏执信仰，且自问是否值得为了保护它们，而付出战争的可怕代价。

放舍不善的身、口、意行，为我们创造修习慈、悲、喜、舍等善念的空间，但连这些善念也不应执着，放舍需要超越善、恶两端。最后，觉者告诉我们，连他的教法也应抛开。“这些法就如舟筏，一旦过河之后就应舍弃。这些教法所生之善法尤应舍弃，更何况那些恶法呢?”（M 22）

我不是说你们突然间就能舍弃这些执着，或一夜之间就能解脱，追求“顿悟”可能只是自我的一个大梦。在我旅行与教学的过程中，有时人们来找我，说他们已快速开悟，我引用觉者描述证悟者的特质作为响应。他们由于并无这些特质，所以有时变得非常失望，有时甚至对我发怒，因为我的回答无法取悦他们的自我。

贪爱深植于我们的心底，且在许多世中不断增强，不可能快速或轻易地舍弃它。然而，我们无须等很多世才能开始，只要有正确的知见、耐心、精进与正念，就能开始让自己解脱束缚，甚至在这一世便达到完全觉悟。为了离苦得乐，必须今天便开始培养放舍贪爱的正思维，代之以无私的布施、柔软与离欲。

## 放舍恐惧

当我们开始练习“放舍”的正念时，经常会卡在恐惧上。恐惧的生起是因对概念、观念、感受或物质等，还有自己的身体，有不安全、情绪化或贪爱的执着，也可能是因接触到一些不了解或后果不明的事物。

例如，你最近被告知罹患癌症，被排定动手术，之后医生会决定是否需要更进一步治疗。现在你尝试禅修，心里闪过许多念头，思想与感受辗转累积，你变得愈来愈不安、沮丧并且非常害怕。你应该怎么办？

你坐禅观察每个心理状态生起，若许多想法与感受瞬间涌现，尝试分辨它们：“我会发生什么事？”——恐惧。“护士竟敢对我那么说！”——愤怒。“他们需要我！我不能生病！我不能死！”——贪着。“这个诊断和我朋友的相同，他的妻子和我谈起他时都还会哭。”——悲伤。“我恨打针！”——憎恶。“谁该和我一起去赴下一个约会呢？”——不安与忧虑。“这个疾病的存活率有多高呢？”——恐惧。

当你开始厘清它们时，思想与感受变得更容易控制，你停止陷入心所构想的骇人故事中，且能开始理性地对待自己。你回想那些可以安心的事情——医生与护士们的技巧与同情；最近治疗过程的进步；你所认识的相同诊断者依然活得很好。

当对治喂食恐惧的概念时，你是在积极修习正念。你会看见心如何玩弄自己：利用思想制造恐惧，恐惧又创造出更多思想。这可能也是个自省的好机会，你可检视自己过去因恐惧而以不善巧的方式表现的行为。你可下定决心保持正念，不让恐惧在未来以同样的方式驱使你那样表现。

现在心既平静又澄澈，你可重新回到入出息念或其他禅修对象上。接受恐惧的念头不时会在禅修中生起的事实，随着经验的累积，你会忽略它们的特殊内容，而只直视一切思想与感受的变化。你看见每个心境生起与达到高峰，无论它有多强烈，你若一直与它同在——就好像它是一位陷于困境、需你扶持的朋友——你将看见每个心境消失。现在需要注意的是思想过程本身，你愈来愈有信心，无论思想的串行有多么可怕，它终会结束。

一旦彻底熬过强烈的恐惧，你将不再以同样的方式看待恐惧。你将了解恐惧只是来来去去的自然心态，它没有实体，无法伤害你。你对于恐惧的态度开始软化，知道无论任何事物生起，你都能观察它并放舍它。

同样的策略，对于令人不愉快的心态，包括回忆、想象、白日梦或面对问题的忧虑也有效。有时你会害怕讨厌的回忆，因认为自己无法处理它们，但现在你知道自己能处理通常只想压抑的任何心态。

正念修行告诉你，并非心理状态本身让你不舒服，而是你对待它们的态度。你可能以为它们是自己性格的一部分，是你存在的一部分，因此尝试排斥令人不悦的部分，就好像它们是外来的身体。但你无法真的排斥它们任何一个，因为它们打从一开始就不属于你。你最好的反应是，坚持稳定地练习观察心，对出现的任何事别有贪爱或憎恶的反应，并能善巧地使心解脱不善的状态。

## 慈爱

当放舍负面的心态时，你创造了修习正面思想的心理空间。正思维的意思是，将愤怒或敌对的想法换成慈爱的念头。“慈”（metta）是本能，它是同情的暖流，是与一切众生休戚与共的意识。因我们想要安稳、快乐与喜悦，所以知道一切众生一定也想要如此。慈爱遍及世间，希望一切众生都能享受舒适的生活，活在和谐、相互欣赏与丰足中。

虽然我们内心都有慈爱的种子，但一定要努力培植它。当我们顽固、烦躁、紧张、焦虑，充满忧愁与恐惧时，我们慈爱的本能将无法发挥。我们必须学习放松，才能滋养慈爱的种子。在平静的心境下，正如从正念禅所获得的，我们可以忘记过去与他人的嫌隙，并原谅他们的过错、缺点与攻击，慈爱自然会在我们心中滋长。

就布施而言，慈爱始于一个念头。典型的情况是，我们心中充满观点、意见、信仰与概念，过去一直受文化、传统、教育、社会与经验的制约，从这些心理条件发展出了偏见与成见，这些固执的观念扼杀了我们自然的慈心。然而，在这个令人困惑的思想牵绊中，我们与他人休戚与共的想法仍会不时地浮现。我们对它惊鸿一瞥，就好像在一道闪电中瞥见一棵树。随着学习放松与放舍不善法，我们开始认出自己的偏私，且不让它主宰心。然后慈念开始发光，显露它的真实力量与美丽。

我们想培养的“慈”，并非通常了解的“爱”。当你说爱某人时，心中怀藏的通常是受其行为或特质制约的感情。也许你仰慕那个人的外表、举止、想法、声音或态度，一旦这些条件改变了，或你的品味、幻想与爱好改变了，爱也可能随之改变。在极端的情况中，你所称的爱甚至可能转变为恨。这个爱恨双重性，遍及我们一切寻常情爱的感受。你因爱一个人，而恨另一个人；或随着一时的好恶而爱与恨；或在一切顺利美好时爱，而在有事出错时恨。

若爱像这样会随着时间、地点与场合而改变，那么你所称的爱并非慈的善念。它可能是色欲，贪图物质上的安全感，感受被爱的欲求，或其他一些伪装的贪欲形式。真正的慈并无隐匿的动机，它永远不会随着环境的改变而变成恨，不会因得不到回报而令你愤怒。慈促使你随时都对一切众生表现和善，且在人前人后都温柔地说话。

一旦完全成熟，你的慈网会毫无例外地拥抱宇宙中的一切事物。它无量与无边，你的慈念不只包括此刻存在的一切众生，还会希望它们在无限的未来都很快乐，没有任何分别或偏袒。

说到慈爱之行可能产生的强大与深远的影响，我要讲一个故事：

第二章

# 正思维

在印度一间小屋里住着一位老妇人与她的年轻女儿，附近一间茅棚中住着一位禅修比丘。出于尊敬，老妇人称这位比丘为她的儿子，且要求女儿待他如兄长。每天早晨，这位比丘都会去村里托钵乞食，他从来都不会忘记停在小屋前，取得这位老妇人与其女儿虔敬奉上的少量食物。每天下午，他则返回村里探视施主们，鼓励他们禅修并安稳地生活。

一天下午在回村的路上，比丘无意间听到老妇人与她女儿的对话。老妇人对女儿说："亲爱的，明天你哥哥会来我们家乞食。这是奶酪，这是蜂蜜，这是米，这是香料，这是蔬菜。明天你一定要为他准备一顿美食。"

女儿问母亲："明天你要去哪里？"

"我打算整天在森林里独自禅修。"

"但你吃什么？"

"我会用今天的剩饭做一点米汤，那对我来说足够了。但你一定要做一顿盛餐给你哥哥，并在他来我们家时供养他。"

听到这番谈话，比丘心想："这位老妇人如此敬重与爱护我，她命令女儿为我做美食，而自己却打算只喝由剩饭做成的米汤。除非完全觉悟，否则我承担不起那份美食。我一定要让自己配得上她慈爱的布施，这正是我发起无间精进，以解脱内心一切烦恼的时机。"

比丘挂起上衣，决定除非达到究竟心解脱，否则便不再去村里乞食。他在禅座上坐下来，下定决心："即使我的血液枯竭，皮肉凋萎，身躯仅剩枯骨，未达究竟解脱，我绝不从此座起身。"

发愿后，比丘整个下午、夜晚与隔天早晨大半时间都在禅修。就在前往乞食之前，他达到觉悟。

然后，他搭衣、持钵前往村庄乞食。当他来到小屋时，老妇人的女儿供养他美食。

少女焦急地等待母亲每日禅修完返家。那晚，她母亲一抵家门，女儿便奔向她并说："母亲，我从未看过我们的比丘如此安详、沉稳、光明、平静与庄严。"

"亲爱的，他一定已经达到真正的自由，解脱一切烦恼。我们非常幸运有这样一位离家如此近的圣比丘。但若真的尊敬他，我们一定要追随他的脚步。从现在起，让我们更精进修禅，使自己也能达到相同的境界。"

所以，母女俩便禅修到更高的果位。许多村民效法她们的例子，也纷纷证得圣果。这便是老妇人慈心深远的影响。（MA i 225）

## 爱你的敌人

有些人会质疑，怎么可能把慈爱的感觉延伸到敌人身上，质疑自己怎么可能会真诚地说："愿我的敌人幸福、快乐与平安；愿他们没有任何困难或问题。”

这个问题是因错误的思维而生起，唯有心中充满困惑者，才会做出冒犯或伤害我们的行为，我们称那样的人为“敌人”。但事实上，没有“敌人”这种人，是烦恼造成我们的困扰。正念为我们指出，心的状态并非是永恒的，它们是短暂、可改正与可调整的。

具体而言，确保自身平安、快乐的最佳做法是，帮助敌人解决他们的问题。若所有的敌人都无痛苦、不满、苦恼、恐慌、偏执、压力与焦虑，他们将不再有理由成为我的敌人。一旦无烦恼，敌人就像其他任何人一样，是个大好人。

我们可对任何人修慈，包括父母、师长、亲戚、朋友、不友善的人、陌生人以及造成我们困扰的人，修慈的对象不一定是自己认识或亲近的人。事实上，有时对不认识的人反而更容易。为什么？因为若不认识他们，我们可以对所有人一视同仁，可以视宇宙苍生为空中的光点，并希望他们都快乐与平安。虽然愿众生都能得到慈心利益的希望不见得能成真，但培养这样的心愿是一种善巧的思维，能使我们的心充满满足与喜悦。

若每个人都抱着愿所有人都能得到慈心利益的想法，我们就能享有世界和平。世上有60亿人口，每个人都发起这个愿望，那么还有谁会心怀嗔恨？世上将不再有对抗与争斗。一切行为皆来自思想，若思想不纯净，那么紧接思想而来的行为，就会是不净与有害的，反之亦然。正如觉者所说，慈的净念比恨、武器更有力量。武器会破坏，而慈则帮助众生平安与和谐地生活。你认为哪一个更持久、更有力量呢？

## 处理愤怒

慈的主要障碍是愤怒。当愤怒与嗔恨暴增时，心中便容不下对自己与别人的友善感觉，也容不下轻松或和平。

我们每个人都以自己的方式对愤怒做出反应。有些人尝试为愤怒辩护，一再对自己说："我有完全的理由愤怒。"有些人长时间抓着愤怒不放，甚至经年累月，他们觉得愤怒使自己变得非常特殊且正当。还有些人以牙还牙，抨击对他们发怒的人。无论你如何反应，可确定的一件事是：最后你的愤怒伤害你，将比伤害你气愤的对象更为严重。

你注意到当你愤怒时感觉如何了吗？你有感到紧张、胸痛、胃灼热、视力模糊吗？你的思绪变得不清，或话转为尖锐与不悦了吗？医生们说愤怒的这些常见反应，对健康有严重的影响——高血压、噩梦、失眠、胃溃疡，甚至心脏病，对心情的伤害同样严重。一言以蔽之，愤怒让我们感到痛苦。

愤怒也会破坏我们的关系，难道你不是总想避开愤怒的人吗？同样地，当你发怒时，人们也想避开你，没有人想跟气呼呼的人相处。愤怒的人可能是不理性的，甚至是危险的。

此外，愤怒经常并非伤害它所指向的人，在多数的例子中，你对侮辱自己者愤怒一点也伤害不到那个人。尤有甚者，面红耳赤的人是你，叫嚣与作秀的人是你，看来可笑并感到痛苦的人是你。习惯性的恶意与憎恨态度，会反过头来伤害你的健康、关系、生计与未来，你甚至可能亲身经历自己咒骂对手的内容。

既然愤怒会伤害我们的事实如此明确，我们能拿它怎么办？如何放舍愤怒代之以慈爱呢？

在处理愤怒时，我们必须先下定决心，克制自己不可在愤怒的冲动下行动。每次想到克制，我就会想起叔叔的象。我年幼时，叔叔有头又大又漂亮的象。我的朋友和我常喜欢戏弄它，我们会对它丢石头，直到它对我们发怒为止。这头象非常大，它能轻易地踩扁我们，但它的做法很特别。

有一次我们朝它丢石头，它便用鼻子抓起一根铅笔大小的树枝，然后用它打我们的屁股。它表现出高度的自制力，为使我们尊重它，它只点到为止。随后几天，它对我们心生嫌恶，不让我们骑它。叔叔叫我们把它带往大河，我们用椰子壳刷它的皮肤，它舒服地浸在冷水里。从此之后，它完全放舍对我们的愤怒。现在我常告诉学生们，当你理直气壮地为愤怒的暴行辩护时，想想我叔叔那头温柔大象所表现的节制反应。

另一个处理愤怒的方式是想想它的后果。大家都清楚地知道，愤怒时我们无法看清真相，结果可能因此犯下许多恶行。我们前面已学过，过去的业行是我们唯一真正拥有的事物，未来的生命是由今日的业行所决定的，就如现在的生命是继承先前的业行一般。在愤怒影响下所造的业行，不可能导致快乐的未来。

愤怒感受的最佳解药是安忍。安忍不是让别人踩在你的头上，而是以正念争取时间，以便能正确地行动。当以安忍反应挑衅时，我们在恰当的时间，以恰当的语调说真实话。我们使用柔和、亲切与合宜的语言，就如在对小孩或亲爱的朋友说话，以避免他做出伤害自己或他人的行为。虽然你可能提高嗓门，但这并不表示你愤怒。反之，你是在善巧地保护你所关心的人。

有则著名的故事，说明觉者面对愤怒者时的安忍与智谋：

从前有个婆罗门，具有崇高的地位与权力。这个婆罗门习惯于发怒，甚至没有任何理由。他和所有人吵架，若有人被冤枉却不生气，这个婆罗门会为那人不生气而愤怒。

婆罗门听说觉者从来不生气。有一天便去找觉者，并以恶毒的话辱骂他。觉者悲悯与安忍地聆听，然后问婆罗门："你有任何家人、朋友或亲戚吗？"

"有啊！我有许多亲戚与朋友。"婆罗门回答。

"你偶尔会去拜访他们吗？"觉者问。

"当然，我常去拜访他们。"

"你拜访他们时会带礼物去吗？"

"会啊！我从不曾空手去看他们。"婆罗门说。

觉者问："当你给他们礼物时，假如他们不接受，你会怎么处理这些礼物？"

"我会把它们带回家，和我的家人一起享用。"婆罗门回答。

觉者接着便说："同样地，朋友，你给我的礼物我不接受。那都是你的，把它带回去和你的家人一起享用吧！"

这个人尴尬不已，他只好接受并夸赞觉者的慈

悲建议。〔S I. 7. 1（2）〕

最后，为了克服愤怒，你可以想想慈心的利益。根据觉者的说法，当修慈时，你“舒适地睡觉，舒适地醒来，且做甜美的梦。对于人与非人来说，你都是可亲近的。天神守护你。（若你充满慈心，在那一刻）大火、毒药与武器都伤害不了你。你轻易地入定。你的面容安详。你无惑地死亡……并转生至最高天界”。〔A V（Elevens）II. 5〕这些前景，岂不比愤怒所带来的痛苦、伤害健康与恶意的结果，更让人喜欢吗?

随着对心理状态的觉察力的增加，当正要发怒时，你将愈来愈快认清它。此时，愤怒的念头一生起，你便能开始运用安忍与正念的解药。你也应把握每个打消愤怒行动的机会，若在愤怒之下，对某人鲁莽地说话或做事，冲动一过，应考虑向那人道歉，即使你认为对方所犯的错误或做法比自己更卑劣。花几分钟，向你所冒犯的人道歉，将对你们两人都产生极佳与立即的纾解。

若了解到某人对你心怀愤怒，你应以同样的心态，找他心平气和地谈谈，尝试找出愤怒的原因。你可以说：“我很抱歉惹你生气，但你根本没有惹我生气。或许我们可以像朋友一样交流一下到底哪里出了问题。”你也可以送生气的对方一份礼物，礼物能缓和气氛，化敌为友。礼物能把愤怒的话转化为亲切的语言，把粗鲁转化为温柔。

在此有几个实际步骤能对治愤怒：

- 尽快察觉你的愤怒

- 觉知你的愤怒，并感受它的强度
- 谨记个性太急躁很危险
- 切记愤怒的苦果
- 练习自制
- 了解愤怒与它的因是无常的
- 回想觉者对婆罗门安忍的例子
- 将你的态度改为助人与仁慈
- 通过给予礼物或其他帮助，改变你和愤怒对象的气氛
- 记得修慈的利益
- 记得人总有一天会死，以及我们不想抱怒或含恨而终

## 悲悯

“悲”是觉者鼓励我们培养的第三种正思维，是指对于别人的痛苦感同身受。它是自发与正面的反应，由衷希望可以减轻别人的痛苦。

悲需要一个对象。为了修悲，你必须回想亲身经历过的痛苦，注意别人的痛苦，然后直觉地将别人的苦难联想成是自己的。例如，假设你听到有小孩遭到鞭打或虐待，也许这令你想起自己遭到虐待时的痛苦感受，因此对这小孩的痛苦感同身受，而打从心底祈求：“愿这种痛苦不会发生在世间任何人身上，希望没有小孩受到我曾受过的虐待之苦。”或当某人生病时，回想疾病如何令自己不悦与痛苦，因此希望别再

有人受到同样的痛苦与煎熬。或想起和心爱的人分开时的心碎感受，这回忆使你对任何因死亡、距离或拒绝而和所爱的人分开者，心生悲悯，因而不希望再有人经历那种痛苦。

慈与悲紧密相连。当充满慈心时，你的心胸开放，且内心清明到足以看见别人的痛苦。例如，某人以势利与轻蔑的方式对待你，慈爱的态度将帮助你看出，这个恶行必然是因某些问题或此人所经历的内心伤害所引起的。由于你在生活中也曾为问题所苦，所以悲心油然而生，你自忖："这个人一定很痛苦，我能怎么帮忙？若我生气或沮丧，我将无法提供任何帮助，甚至可能使他的问题更加严重。"你若持续以慈爱与友善的方式行动，他也许将立即得益，或最后亦将获益。也许一段时间之后，他会佩服你竟然能在挑衅之下依然维持慈爱，且仿效这种友善的方式。

在以下传说中，那些践行佛道者的悲心是非比寻常的：

一位修习悲心禅的比丘想要累积足够的福报，以亲眼看看弥勒佛慈氏。比丘的修行已使心非常柔软，不会伤害任何众生。

有一天，他看见一只狗躺在路边痛苦地呻吟，这只可怜动物的烂疮上爬满蛆。比丘跪在这只狗前，第一个想法是拨开狗儿伤口上的蛆。但接着他想："若我用树枝移动这些虫，可能会伤害它们。若我用手指，又可能捏死它们，因为它们非常脆弱。若我把它们移到地上，它们则可能被踩死。"

于是他知道该如何做了。他从自己的大腿上割下一块肉摆在地上，然后跪下来伸出舌头去舔狗儿身上的蛆，并把它们移到自己的肉上。

就在他如此做时，这只狗瞬间化身为弥勒佛慈氏。

我们可能认为自己是慈悲的人，但慈悲的程度根本无法与此相比！苦围绕着我们，我们每天都有许多机会修习悲心，但经常发现难于行动。为什么？答案是那个痛苦——即使是别人的——是难以承受的。为了回避它，我们转身离开，关起门来，让自己紧绷与僵硬。修习正念，可以帮助我们放松、柔和，顺应生命呈现的一切。当我们让自己的心变柔软，且保持心胸开放时，悲心就会源源不断地涌现。

在生活中为人修悲一定很有挑战性，但它对我们现在与未来的快乐很重要。父母、伴侣与子女需要我们的悲悯，我们也需要对自己悲悯。

1. 悲悯自己

你们有些人或许会质疑为何要对自己修悲。你们可能会说："关心自己是自私，我的需求不重要，真正的修行是悲悯别人。"这句话很动听，但你很可能是在欺骗自己。当你仔细观察心时，你会发现在这世上你最关心的还是自己。

这并没有什么错。事实上，悲悯自己是对别人修悲的基础。诚如觉者所说："以我的心遍察世间，我找不到比自己更亲密的人。由于自己比任何人都更亲密，因此推己及人，爱

自己的人绝不应伤害别人。”（Ud V.1）

我们误以为对自己严苛或贬抑自己，是更有教养或“更崇高”的。觉者透过自己的经验总结出自虐无法导致觉悟，我们当然确实需要修习自制，但应是出于自身最佳利益而决定如此做。平心而论，宽容与温和的自律，其实是修习悲悯自己的一个方面。

此外，少了悲悯自己的基础，将无法真正对他人修习悲心。若我们出于贬抑个人，或相信自己不如他人重要，而尝试表现悲悯，那么我们行为的真正动力是讨厌自己，而非悲悯他人。同样地，若出于优越感而对他人提供帮助，我们的行为很可能是由傲慢所推动。如前所述，真正的悲悯来自有切身痛苦感受的柔软心。然后才能反映别人的痛苦。悲悯自己建立在自爱、自重的健全基础上，激发我们真诚地伸出援手。

对于这种激发，消防队员做了一个最好的示范。他们以英勇著称，愿意冒生命危险拯救身陷火场里的人，然而他们绝非刻意牺牲自己。他们不会贸然冲进火里，赤手空拳地去面对险境。反之，他们会做好一切预防措施，穿整齐，审慎计划，靠着判断与技巧去救人。同样地，我们先做到对自己慈爱与悲悯，尽可能地净化自己的动机，并让心愈来愈清净与光明。如此一来，就可以有效地帮助别人，同时也提升自己的心灵层次。

事实上，心中的自他区别比我们所了解的更模糊。我们习惯以何种态度对待自己，就会以何种态度对待别人；习惯以何种态度对待别人，就会以何种态度对待自己。这情况就像是和别人共享同一个碗里的食物，每个人到头来吃的都是同样的东西。因此，一定要仔细检视我们端出的是什么东西。

在坐禅的过程中，当修行不顺利或出错时，应检查我们是如何对待自己与别人的。我们的反应是责怪还是宽恕？是焦虑还是镇定？是粗鲁还是温和？是耐心还是暴怒？

虽然注意自己的过失，感受它们的后果，并承诺改进很重要，但自责与其他苛刻的做法则无意义。没有人会在受到责骂后感到平静，通常会退缩且变得愤怒、自卫或顽固。例如，试想某人正在努力减肥，若有一天未做例行运动，他为了这个疏忽而咒骂自己：“你这个痴肥的懒惰鬼，你永远都无法改变！”你想他明天还会做训练吗？愚痴的心是冥顽不化的，是无知与痛苦的，我们因此才会做后悔的事。记得我们是因为自己的过错而痛苦，有助于我们将悲心延伸到自己身上，而非苛责与自虐。

以慈悲的态度从事禅修与实践佛道尤其重要。我们修习八正道是为了减轻痛苦，若因对修行抱持严苛或评断的态度，而增加自己的负担，可能很快便陷入更大的痛苦中，甚至可能被迫放弃。

西方学生似乎特别容易陷入这个心理陷阱。在我看来，他们经常显得野心勃勃，刻不容缓，充满企图心且无安全感。当一开始禅修并发现心的泼猴本性时，便尝试立即控制它。他们压制心，并想单凭意志力来驱使它，但心不听任何人的命令，于是经常因而觉得受挫，并苛刻与严厉地对待自己。同样的事情，也可能发生在经验丰富的学生身上，他们因未能达到精神目标而感到失望。记得观看心与控制心不同，这对于所有佛教修行者来说很重要。以温和与开放的态度观看心，可以让心得以安定与歇息；尝试控制心或控制修行呈现的方式，只会激起更多的不安与痛苦。

我们可开放并调柔自己的心。在禅修中，任何生起的事都不是失败的征象，只有失于观看一事。若妄念生起与持续，我们不应抗拒它们或痛责自己。反之，应平静与悲悯地运用正精进，去克服它们并提振心。

没有一个人是特别坏的，世上每个人都有同样的问题。所有未觉悟者都会有贪欲、嗔恚、嫉妒、骄傲、倒霉、失望与不耐烦。当养成习惯以悲悯面对心的诸多改变时，心便可以放松。此时，我们能看得更清楚，并且持续增长正见。

### 2. 悲悯父母

我们许多人对父母有着冷漠与刻薄的感觉，有些人无法原谅童年时受到的虐待。虐待与其他伤害的行为，都可能令我们难过与痛苦。这些恶行无法被原谅，也不该被轻易遗忘。他们做过的事永远无法挽回，但我们此刻的做法，却可能影响自己当前与未来的快乐。

培养悲心的方式之一是，想想父母生你与养育你经历了多少痛苦。觉者说，即使你余生都肩负父母，一边一个，关心他们的一切需求，你仍无法回报他们对你的付出，他们日日夜夜、经年累月牺牲睡眠、舒适、食物、时间与精力。想想一个完全无助的婴儿，他的需求有多少。想想父母尝试保护你时所曾经历的恐惧，他们如何在你生病时照顾你，并担心你的麻烦事。不要责怪他们现在做事迷糊，而要回想当初为了无微不至地照顾你，他们迷惘的心如何备受煎熬。想想他们要挣脱由贪、嗔、痴所引发的癖嗜及不善行，有多么困难。

要想清楚，抚养你长大的父母和现在你所知道的父母是不同的。时光流逝，无常改变每个人，你的父母已变老，可能已调柔或生起更大的智慧。你也已成熟，别停滞在童年的关系中。父母日渐衰老，你甚至可能得转换角色，给他们提供物质、情感与精神上的资助。关心父母的需求可能打开你的悲悯之心，即使父母除了给你生命与无尽的痛苦之外，什么也没给你，你至少可为他们难过，并希望他们快乐："愿我能帮助父母有颗更好的心。"悲是无量与无边的。

### 3. 悲悯子女

当你在抚养子女时，要在生活中维持平衡可能加倍困难。以平衡的方式养育小孩，可被比喻为走离地 500 尺的钢索。一方面，以严厉与强硬的方式对待子女，可能造成他们持久的敌意。另一方面，不给他们培养规矩与纪律感，他们可能会不晓得他们行为的界限与后果。

若孩子被以人道的方式尊重，从小就受到疼爱、教导、训练与关怀，长大之后就会成为负责、关爱与仁慈的人。在你去世之后，孩子会担负起他们的世间责任，能为你、其他家庭成员、社会与全世界带来平安与快乐。

但身为父母的都知道，孩子可能会让最有耐心的人也受不了。当发现自己在和他们对抗时，别让自己心中失去无私的立场。放舍你对事物的坚持，更努力地去了解孩子的观点、需要、恐惧与关心的事。当更能体会他们为何抗争时，你自然会流露出悲心。在悲悯的心态下，你的行为总会带着亲切与柔和的基调，那对于化解困境非常有用，无论对方是小孩还是成人。

若你对子女缺乏悲心，幸好你还可培养它，你只需要练习。人们不是生来就知道如何抚养子女的，只有慢慢地悉心培养，才能让他们成为健康、负责、有爱心的人。若你是为人父母者，那么要尽量学习以健全的方式抚养子女，而非教导他们贪、嗔、痴，这是义不容辞的事。那些不良的影响早已充斥在世上，最重要的是，当教导子女放舍、慈爱与悲悯时，你可以对他们表现悲悯。

4. 悲悯伴侣

对伴侣修习悲悯需要慷慨与耐心。每个人都有不同的个人风格，有些人善于表达感情，很容易并经常哭或笑；有些人发现自己难以说出当下的感受，且从来都不哭。有些人在工作时最快乐，且喜爱长时工作；有些人则快速完成工作，并把时间花在阅读、禅修或拜访朋友上。这些风格并无对与错，喜欢工作的伴侣和喜欢旅游的伴侣同样享受生活，两者都想要避开痛苦，并尽可能地让自己快乐，两者都是善良与亲切的人。最重要的是要把焦点放在伴侣好的特质上。

有时在争执过后，你的心可能对伴侣冷酷，嗔念可能反复缠绕心，你也会放大自身的想法并批判伴侣的缺点。在悲心生起之前，你可能需要做一些艰难的心理功课。禅修时，你可回想自己身、口、意的不善行，确认自己一路走来的贪心、自私、嗔恨、嫉妒与骄傲。然后，以一颗开放的心，回顾这些行为过去如何影响伴侣。无论伴侣做了什么，若你充满怨恨，那都是你的缺点。你执着什么东西吗？贪爱和真正的爱大不相同。

若伴侣的情况令你无法忍受，且不能改进，那么你也许会尽快结束这段关系。如果真如此，就以慈爱的方式分手，承认自己的缺点，且祝福伴侣。为何要以更多的嗔恨与责难伤害伴侣呢？

别比较自己和伴侣的行为，或批评对方的行为不对，这点非常重要。该做的是，把焦点放在自己的行为上，并为它们负责。想想从前直视伴侣双眼时，看见你对伴侣造成的痛苦，提醒自己已造成所爱的这个人痛苦。若可承认自己的错误，看见自己的行为是多么有害，从而意识到应关怀伴侣的福祉，那么悲悯与慈爱就会油然而生。

例如，你们在早上激烈争吵，后来伴侣回家，看起来倔强与气愤，眼中充满戒心地望着你，看你是否生气。但你已检视过自己的过错，并打开关爱与悲悯的源泉，因此你以柔和与温暖的眼神响应伴侣。通过你的悲心，你们两人的关系乃得以愈合。

## 正思维修习

坐禅时，我们内心会浮现许多事物，可能听到声音，感觉痒，或想起各种事情，甚至可能短暂忘记自己正在禅修，正试着专注于呼吸，这很正常，可能会发生在每个人身上。当某件事使注意力偏离呼吸时，我们应短暂地检视它，时间的长短只要足以察觉它的无常——生、住与灭——即可，然后重新回到呼吸上。

然而，有些思维或心理状态很难处理，需要特别注意，即每次失念时由贪、嗔、痴生起的妄念。若心迷失在妄念中，则智慧不显，我们不只是浪费时间与自讨苦吃，还强化了造成一切痛苦的习气。我们必须立即克服妄念，在它们压倒我们，变得根深蒂固，且主宰禅修时段之前，迅速以正念制止它们。

有时只要通过短暂注意妄念的无常性，它们便会消失；有时则必须费很大的劲，才能克服它们。关于这些不同的方式，我们留待讨论“正精进”时再来检视。一旦克服了妄念，就要重新回到呼吸上，此时禅定将稍微往上提升。若另一个妄念生起，则要重复精进。每次克服一个妄念，禅定就会更深一层。

最后，发现自己的禅定非常稳定，一切念头都停止生起，我们可能得禅修很久才能达到这种禅定，也可能更快些。一旦达到深定，我们就能利用这强力的状态，重新回到正念的修习上，再次检视禅修对象。由于念头已消失，我们检视其他对象，诸如身体的感受或喜与舍等正面的心理特质。我们专注于禅修对象的无常与其他相关特质，就像以前一样，但由于定力强大，观慧将戏剧性地增长。只要强烈的禅定状态持续，便无妄念来干扰禅修。

然而，除非我们达到那样的禅定，否则在妄念生起时，一定要善巧地处理。在每回妄念出现时擒获这些念头，即使在禅修时段之外也是如此。正思维随念就是指这一切的努力。

克服妄念的方法之一是，检视那个念头的不利面，了解它如何降低心的质量，了解习惯性的负面思考如何造成生活中的困境。然后你可反其道而行，修习善念，例如悲悯的感受。这是通过改变思考而检视自己，以至改变生活的大好机会。

人们经常问我："我如何才能把禅修融入日常生活？"我经常以自己的问题回答："你在蒲团上做什么？只是把心专注于呼吸吗？"若你是这么做的，那么你有两种不同的生活：你在蒲团上的生活，以及每天的平常生活。

禅修中有更多的事情可做。各种在日常生活中制造问题的相同烦恼——贪欲、恐惧、愤怒、嫉妒、自我批评——都会在禅修中出现。当正念或定力跳脱时，它们可能在任何时刻以妄念的形式浮现。

首先，努力单纯地舍弃那些念头。如此做，一是为了在此刻净化内心，二是为了训练心养成自我净化的习惯。尽管你尽了最大的努力，但念头仍顽强地持续时，那是更密集修行的信号。此时你必须努力观察这些念头，并利用它们在生活中开发智慧。

例如，禅修时我迷失在侮辱我的陌生人的嗔念中。我试过其他方法制止这些念头，但都无效，因此我检视它们。首先，我观察这些念头如何影响修行，它们如何在身体中造成压力及影响我的血压，它们如何让我对此人产生挥之不去的憎恶感。我了解到这些嗔念是不好的，因为它们伤害我并严重影响我的心，使我甚至可能伤害他人。然后，也许我想到若别人知道我在想什么，会有多么尴尬，因此对这些念头充满心而感到惭愧。这种检视，经常足以令心远离烦恼。

一旦心是清净的，我就能更深入检视念头，看看它们是如何造成的。我为何在被侮辱后一直难过？我问自己在执着什么，才会使这侮辱盘旋在心中？我也许会发现，原因是过去的某件事，和这次的侮辱根本没有关系。

然后我想：没错，这个人确实侮辱了我，但我做了什么令他心烦的事？我太急或太贪心？太傲慢？也许我无意伤害，但我知道自己过去也曾如此惹人讨厌，我下次要做得更好一点。如此反省不善巧的动机与行为，我决心改进。一旦在冲突中看见自己那部分，我甚至可能对这人生起悲心，他如此痛苦，以致需要以侮辱回击我。

这种自我反省是禅修的关键部分。在觉悟之前，觉者自己就是如此修行的，将妄念作为内观与改过的工具。觉悟之前在森林中修行时，觉者对自己说：“我有这个缺点，我过去曾那么做。从现在起，我的行为一定要有所不同。”

你也可以如此做。若想起曾粗鲁地对一个孩子说话，并看见她眼中的伤害与迷惑，你可下定决心向她道歉，并在未来以更悲悯的方式说话。若想起固执己见的一次对话，即使当时它们已被证明是错误的，你仍应下定决心下次要更优雅地舍弃执着。

若贪欲反复生起，如想要冰淇淋或新光盘，你可利用这个机会培养它的对手——布施。你可思考："我现在不需要那个，我可以舍弃这个欲望。"若你是宽宏与心胸开阔的，最后贪欲一定会消失，然后你可认清自己的贪欲其实是卑微与自私的，通过如此做，你逐渐了解渴爱的本质。在利用这个新的了解纠正思维后，重新回到呼吸上。

当你的思维已超出控制，且内心充满痛苦、不安与焦虑时，另一个好的对策是利用自己的痛苦去培养悲悯的善念。看见心中的痛苦，你反思痛苦如何同样影响别人："这个现象并非我所独有，每个人都会经历，此时还有许多人的痛苦更甚于我。"

某个学生告诉我，有一次他正感到极度沮丧，独自走在公园里，偶然看到一张旧报纸，他捡起并读到一则故事：某个人独自走着，他因只有一只鞋子而痛苦不堪。他一瘸一拐地前进，没穿鞋子的那只脚又冷又痛，这个只有一只鞋子的人经过一个只有一只脚的人身旁。霎时间他的内心充满感激，并对自己说："啊，至少我还有两只脚！"从此，他不再感到哀伤。读到这则故事，我的学生对那些情况比自己还糟者心生悲悯，此时他的沮丧消失了。

不论何时，当悲伤、愤怒或心痛压倒你时，都可使用类似的技巧。只要停下来问自己："我为何要抱怨？我的心正在运作，具足所有感官。我有幸听闻佛法，且有时间与地方可禅修。和世上许多人相比，我活得太奢侈了，几百万人没有家、食物与希望。与其自怜自艾，不如让我对这些人修习悲悯。”悲心安定与思想平和，如此一来，我们就能带着更稳定与专注的心重新回到呼吸上。

这种训练不只专用于正式的禅修，在坐禅中所做的，应延续到其他一切时刻。我们把正念的训练带入日常生活，并运用到一切环境中：公交车上、工作中、感觉苦恼时，以及外出购物时。否则，花那么多时间在蒲团上有什么用？尽一切努力去避开或斩断妄念，并鼓舞善念，就如在蒲团上所做的一般。在禅修之外以此种方式修行，是很有挑战性的，因我们每天都有无数的机会，被感官印象的贪、嗔、痴等反应牵着走。

例如你去逛大卖场，看见橱窗中一些诱人的商品，因为自制力薄弱，你无法将眼光移开。你进入商店检视商品，觉得不买个一两样就离开，好像很对不起自己。也许你当时并无现金，但有信用卡，于是挑了某样东西并买下来。

要修习正思维，你一定得停止这个过程，就如在蒲团上打坐认出妄念一样。首先，整理与确认你的思想与感受，弄清楚是否贪欲、恐惧或不安驱使你去做不必要的追寻。然后规劝自己：“我想要平衡这张信用卡的支出，难道我真的想要加深负债吗？”

即使你有很多钱，保持思维过程清净无贪，也是很重要的。问自己：“我需要这个东西吗？或是为了其他理由而买它？我只是想向人炫耀吗？我不是已有类似的物品尘封在柜子里了吗？”你还可以问：“这笔钱能做更好的利用吗？是否能拿来帮助他人呢?"

若不确定自己的动机是否因贪欲与需求交杂，或因欲望势不可挡，问自己："我能延迟购买吗？能现在走开下星期再来吗？能请店员为我保留，让我有冷静与考虑的时间吗?"这种理性的思维，是善用在坐禅中的好习惯。

当遇到困难的挑战时，这种训练一定能帮助我们。我们必须利用正思维的修行，去克服真实危险情况中的恐惧。

我收到母亲的病危通知时，正在从华盛顿特区返回斯里兰卡的途中，我在夏威夷改搭波音 747。在从夏威夷起飞后一两个小时后，我看窗外，察觉飞机的引擎正冒出火焰，然后对讲机传来驾驶员的声音，他宣布引擎着火，我们正在返航。他告诉空服员指导我们若安全返回夏威夷应如何撤出飞机。

空服员请我们扣上安全带安静地坐好，飞机着陆后，地板灯会引导我们去八个紧急逃生门。门会打开，紧急滑道会出现。我们应毫不迟疑地跳上滑道，滑下，并跑离飞机。

我怀疑是否有人听得进这么多指导，从驾驶员宣布引擎着火那一刻起，机舱里的每个人似乎都陷入死亡的恐惧中。有些人开始对自己画十字架，夫妻们相互拥抱与亲吻，其他人则哭泣或流露出紧张与焦虑的神情。

我心想："若这是我的死期，那么无论我害怕与否，反正我都会死。让我保持内心清明。"首先，我想起自己对死亡的了解。我想死亡是不可避免的，以及这会是死亡的好时机，因为我已行善，且没有什么后悔的事。然后思考事情的可能顺序："若飞机很快地从 11,900 米的高空坠落，我们将在飞机掉入海洋之前便失去意识。"在失去意识之前，我必须保持内心非常清明、纯净。这是我使用正念去觉悟死亡是不可避免的一个机会，若我以纯净与清明的心平静地死亡，来生会很光明。也许经由看见无常的实相，我会达到觉悟，但我一定不能让恐惧或困惑阻碍我的心。无论我对生命的执着有多强，现在一定得舍弃那个执着。在面对死亡时，我就如此努力地防止妄念生起，并鼓励善法生起。

也许我只是吓呆了，所以一点也不感到恐惧。事实上，我还颇欣赏 11,900 米高空上引擎冒出的火焰！火焰是蓝、黄与红的。你们很少能看到这种火焰，它们有时喷涌而出，有时则很微弱，看起来很像烟火或北极光。我在看戏，飞机上其他三百多人痛苦不堪，我偶尔看其他乘客，他们因想到即将死亡而痛不欲生，似乎在死亡之前就先死了！然而，我注意到小孩子似乎未受影响，他们仍和危机之前一样嬉笑玩乐。我心想："让自己和他们一样，保持童心。"

我们真的成功地返回了夏威夷，飞机也紧急降落。我们依照指示走出逃生门，滑下滑道。对我来说，从滑道滑下来是个全新的体验。也许飞机上的. 其他人童年时都滑过滑梯，但在我成长的贫穷村落，我从未做过这样的事。因此，直到最后我都非常享受这一切。

## 正思维修习要点

如我们现在所见，践行觉者的圣道，需要在真实世界中修习八个步骤中的每一步。我们需要接受者来修习布施，需要朋友与敌人来激发慈心，需要痛苦的众生来增长悲心。人类社会对于这些正思维的要点，提供了一个完美的试验场：

- 当正见增长时，正思维便自然流露。
- 思维能让我们快乐或痛苦。
- 觉者为我们指出三个正思维：放舍或最高意义的布施、慈、悲。
- 从给予物质开始你布施的修行。
- 执着诸法——色、受、想、行、识——令我们不快乐。
- 当恐惧生起时，让它增长，并看着它达到高峰与消退。
- 慈是一种与众生互为一体的感觉，以及希望他们快乐的真挚心愿，它有着深远的影响。
- 你的愤怒最后伤害你，将更甚于你所愤怒的对象；采取行动对治你的愤怒。
- 正念能帮助减少并最终消除你的愤怒。
- 悲悯是自发的，对别人的痛苦感同身受，从而发愿减轻他们的痛苦。
- 培养对自己、父母、子女与伴侣的悲心，将帮助你使心放松与调柔。

- 禅修期间妄想生起时，若只注意它们消逝的本质，它们可能便会消失。
- 若你尽了最大的努力，妄想依然川流不息，那是彻底探究它的信号——在你的生活习惯中开发观慧。
- 省察妄念是禅修的关键部分。
- 在蒲团上修习正思维，能帮助你在日常生活中检查恐惧、愤怒与渴爱。

# 第三章

# 正　语

想想你是否经常对自己说“要是我没有那么说……”或类似“当我看见她脸上的表情时，我知道我的话伤了她的感情”。错误的语言会造成许多问题。我们说谎，然后作茧自缚；说工作伙伴的坏话，造成他的麻烦；不经思考说话，冒犯顾客或朋友；花了一整天闲扯，什么事也没做成。

这些说话的坏习惯并不新鲜。觉者认为练习正语对个人与心灵成长非常重要，因此将它独立为圣道的一支。觉者告诉我们，正语有四个特质：它总是真实的；它是宽容的，而非恶毒或刻薄的；它是和善的，而非粗鲁或严厉的；它是中肯的，而非无用或无聊的。

觉者解释，一个公认说话温文儒雅者，很快便能受到信任与尊敬。这种人内心祥和平静，能与他人友善互动。例如，你是否注意过人们常用我们与之说话的方式对我们说话？若我们被认为是夸大其词或说谎，别人便自然而然地会对我们说谎。若我们习惯诋毁别人，别人自然而然会说我们的坏话。相反地，若我们被认为是可信赖的，我们的话就会更容易被相信。若我们以谨言慎行著称，别人就很难散播我们的流言飞语。若我们的话语始终是亲切和善的，别人就不好意思在我们面前骂人或粗鲁地说话。

显然，话语要么促成快乐，要么终结快乐。我们深谙此理，是因经验告诉我们，我们所思所行严重受到周遭人所言的影响。觉者的一位上首比丘尼如是评述：

> 亲近善友者，愚亦转睿智。（Thig 213）

若希望成为智者，我们不只应亲近善友，还应成为别人的善友，如此做需要我们以正念勤修正语。有则觉者的前世故事，说明话语对我们的行为影响有多大：

> 一位觉者的随行比丘，习于和被邪恶比丘提婆达多误导的一群人共食奢华大餐。受这些人提供的美食诱惑，这位比丘花很多时间和这群恶友厮混。觉者斥责他择友不慎，并警告他事情的严重性。为了说服他改变行为，觉者告诉他发生在他前世的一则故事，那时他受周围粗恶言语影响而误入歧途。
>
> 觉者说，这位比丘的前世曾是属于国王的一头大象，以性情温和著称。后来有群土匪习惯聚在象栏附近讨论犯罪计划，他们言语粗暴，并鼓励彼此犯下谋杀与其他凶残的恶行。这头象开始认为，他们的恶语是试图教导它应以同样的方式表现。结果，原先高贵的大象变得残暴，并试图杀害共事者。
>
> 拥有这头象的国王，派遣大臣——发愿成佛的菩萨——调查这头温和大象堕落的原因。大臣无意

间听到土匪们邪恶的谈话，因而了解它如何影响大象。他建议国王派遣睿智的圣者们及以温和言语著称者，每晚在象栏附近交谈。善良的话语，很快便让大象重回温和的方式，从此不再凶残。（J 26）

正语可从许多方面改善你的生活，或许你再也不必为你说的任何事后悔！那会让我们许多人如释重负。

让我们进一步检视正语的四个特质，并看看它们如何帮助我们践行圣道。

## 说实话（不妄语）

正语的第一个特质是：它总是真实的。觉者告诉我们，绝不说谎，无论是为自己、他人，或为任何一种利益。觉者总结了说实话的准则：

若（某人）被当作目击者问到："那么，善男子，说说你知道什么？"知道，他就说："我知道。"不知道，他就说："我不知道。"没看见，他就说："我没看见。"或看见，他则说："我看见。"在完全觉知下，他不为自己与别人的目的，或一些微不足道的世俗目的而说谎。（M 41）

我们偶尔可能被问到一种以缄默表示特殊回答的问题，

若缄默会传达一个谎言，则必须说话。例如，警探在犯罪现场，问一群旁观者是否看到任何事，若每个人都保持沉默，警探会认定无人看见犯罪发生。若有些围观群众是目击者，通过保持沉默说谎，也许他们觉得有很好的理由不说话，例如害怕报复，但沉默仍是谎言。我们也可能用身体语言说谎，有时耸肩或扬眉可能表示“我不知道”，若你确实知道，那么耸肩就是欺瞒。

然而有些情况，实话必须被隐瞒，因说出来可能会伤害某人。在这种情况下，我们必须等待适当的时机，对适当的人说适当的话。若回答问题会伤害某人，觉者便静默不语。有一次某人问觉者死后是否有生命，觉者只是坐在那里，沉默以对，直到那人放弃并离开。之后，他的侍者阿难问觉者为何不回答，觉者解释说任何回答都可能让那人痛苦。若他回答死后有生命，那人会执着恒存自我的观念，发展出一种会导致痛苦的邪见；若回答死后没有生命，他又会发展出另一种邪见，认为“那么我将断灭！”并因而痛苦不堪。为了避免对他造成伤害，觉者决定不作任何回答。

觉者描述了自己决定说或不说的准则。若他知道某件事是不真实的、不正确的或无益的，他就不会说它。他说：“这种话（觉者）不语。”若他知道某件事是真实的、正确的或有益的，则说“（觉者）知道何时该说此语”。当某件事是真实、正确、有益于契机之时，则不论他的话会“不受欢迎与不如人意”或“受人欢迎与如他人意”，觉者都会说。（M 58）觉者具大悲心且完全专注于众生的福祉，他从来不会只为“讨人欢喜”而说话。我们可从他的例子得到许多启发。

当试图说不符合觉者准则的话时，我提醒自己如此说将一无所获，也无人会因此获益，且会因我保持沉默而有所损失。例如，我正在和朋友们说话，其中一人垄断发言。我有话想说，却觉得没耐心说。我反省自己想说的话，知道它对过去事件而言是真实的，对现在状况而言是正确的，且会利益听众。但若现在说出它，可能会冒犯说话者，因此它是不合时宜的。我提醒自己，若我以不合时宜的方式说话，将一无所获，也无人会获益，或会因我耐心沉默而有所损失，我可在其他时候说自己想说的话。

## 言词不是武器（不两舌）

正语的第二个特质是不作恶意的谈话。古谚云："舌头是受困于牙齿间的无骨武器。"当恶意地说话时，舌头会射出言词短剑，夺去人们的好名声与信用。即使我们说某人的话是真的，若它的动机是要伤害此人，它便是恶意的。

觉者认为恶意谈话是指破坏两人之间友谊的谈话。在此有个例子，假设在某次旅行中，我遇见你远方的一位好友，我记得几个月前，你曾告诉我关于这家伙的一个真实故事。我可能不记得你的确切用语，因此在重复你的话时稍微加了点料。我甚至做得好像给了这家伙好处，让他知道你在背后谈论他。你的朋友反应有点激烈。当回到家时，我又对你重复他的话，稍微添油加醋一番，好让它更为精彩。因它造成了失和并破坏了一段友谊，这种谈话便是恶意的。

有时我们把恶意谈话伪装成关心另一个人的行为，或泄漏某人对我们吐露的秘密，认为如此做是“为了他好”。例如，告诉某个女人她的丈夫对她不忠，因为“你不希望她是最后一个知道的人”，这可能令所有当事人更痛苦。当想要如此说时，问问自己希望得到什么，若目的是操纵别人，或赢得某人的感激，则你的话是自私的、有恶意的，而非正直的。

公开谈话也可能是恶意的。小报、电台谈话节目、网络聊天室，甚至一些受人尊敬的新闻媒体，今日也为了生存而拿言词来当武器。锁定本周的媒体焦点，换上新式武器再狂轰乱炸一通，便可迎来收视率的提升和广告收益。恶意的话语扳倒这个人以抬高那个人。它不惜以牺牲某人为代价，好让说话者听起来犀利、机敏、与时俱进。

并非所有的恶意谈话听起来都很下流，有时人们使用看似温和的言词，却带有贬损的意思。这种伪装的攻击言词，比公然侮辱的话更危险，因它们更容易刺伤听者的内心与心情。以现代的话来说，这种谈话称为“口蜜腹剑”，我们对某人说：“你装修旧房子而不搬去更高级的住宅区，真是聪明。”或“你的白头发真好看，不是有个成语说‘老成持重’吗?”正语不只意味着注意说话的用语与声调，它还需要在话中反应我们对别人的悲悯与关怀，它们是有益与有治愈作用的，而非伤害与破坏。

## 柔和地说话（不恶口）

第三种错误的话语是刺耳的语言。口头辱骂、亵渎、讥讽、嘲弄与过度直言或不当批评，都是刺耳语言的例子。

话语是有力的工具，可用来行善或作恶。觉者将话语比喻为斧头：

所有人出生，口中皆含斧。
愚者用恶言，伤己与伤人。（Sn 657）

我们可能以为斧头只是用来砍柴的工具，但在佛世时，斧头是精准有力的工具。它被用来裁切长木板，并把它们刨光，然后精准地凿刻木头。它能砍倒大树，也是致命的武器，是砍头与截肢的残忍工具。也许现代可以与斧头相比的是计算机，计算机能用来做许多美好的事——越洋沟通、创作音乐或火星导航。它也能拿来做破坏的用途，控制导弹与其他武器，以协助战争的进行。

就像必须选择如何使用斧头或计算机的力量，我们必须选择如何使用话语。我们会说唤醒、安慰与鼓励别人的话吗？或会把他们砍倒，在过程中伤害自己吗？毁谤性的谈话、歹毒伤人的闲话、谎言，与粗野或猥亵的玩笑，不只伤人，还让我们像个不会安全使用口中斧头的傻瓜。

若以为恶口能成就任何好事，那我们也是傻瓜。虽然我们在斥责某人时可能感到自满，但常言道，损人损己，我们并未占到便宜。诚如觉者所说：

恣意宣恶口，愚以为己赢；

岂知安忍道，始为真胜利。〔S I. 7. 1（3）〕

我们很容易以严厉无礼的话语来压制人们，聪明的对手总是会从这种对待模式中撤退，并以冰冷的沉默来回应我们的粗话。我们可能沾沾自喜，心想："我真的使他出洋相了，他一听到我的话便立即噤声。"但我们的胜利表象是假的，对手可能暗自许诺不再和我们说话，或发誓静待时机暗中报复。在此过程所造成的恶意与不好的感受，将令我们自作自受，并在毫无预期下打击我们。

我们不难想到另一个恶口负面效果的例子。也许你有位才华横溢或具有科技才能的工作伙伴，但他的嘴巴总是为自己带来麻烦。他以严厉、恼人、傲慢与可憎的话语攻讦同事，虽然他的工作能力很强，但人们无法忍受他，因此他的生涯到处碰壁。

另一个恶口造成的可悲结局是它对于孩子的影响。我们无意间都听过父母对子女说"你真丢脸""你什么事也做不好""你将一事无成"，也许我们自己小时候也听过这样的话。口头辱骂可能在孩子心中留下永远难以愈合的伤口。当然，父母可能有时必须严词制止孩子做危险的事，例如玩火柴或在街道上到处乱跑，但这种强烈的言词是发自爱与关怀，而非想威胁或贬抑。

动物也感受得到恶口的影响。我的侄孙有只阿拉斯加大型犬，名叫托勒斯。托勒斯着迷于电视里的动物，它甚至想要咬它们。因为它很大，当托勒斯被电视影像吸引时，它会挡住后面观众的视线。有一天我侄孙家人命令它走开，她的声调异常严厉刺耳。它的反应是走到地下室，一整个星期都待在那里，拒绝出来，甚至绝食。它只偶尔出来外面透透气，然后又回到楼下。最后，这家人只得前去好言慰藉它，语调柔和亲切，直到它重新加入他们。

我侄孙家人的柔和言语赢回宠物的友谊。亲切的语言，总是适当与受欢迎的，就如另一部早期佛经所告诉我们的：

> 说柔和言语，人愿乐欲闻。
> 丝毫无恶意，常和言善语。
> 〔Sn 452，持法法师（Ven. S. Dhammika）英译〕

“我真的很感谢你所做的事”“你巧妙地化解困境”“很高兴看到你”，这些话语将温暖说者与听者的心。柔和语是舌上蜜，说出我们的赞赏与感谢，可增加每位参与者的快乐。它们帮助我们结交与维系朋友，因每个人都想和说话和善的人交往，那令他们感到放松、舒适与安全。柔和语帮助小孩在自尊、自重的感觉下茁壮成长，这种话也有助于人们学习与欣赏觉者的法音。若我们和善与恰当地说话，则散播给周遭人的喜悦将是不可限量的。

提醒一下，柔和语一定也要诚恳并出自正直目的，温柔和善地说话但想法与做法却背道而驰是伪善，并非美德。我们都听过一些宗教组织的领袖使用柔和语散播恐惧，或劝人捐钱给他们。我记得斯里兰卡有个人巡回全国宣传酒精的罪恶，由于能言善道，他累积了名气、权力与声望，吸引了一大群人的注意。他发起运动关闭酒吧，封闭酒厂，并结束卖酒。在一个炎热的夏日，一次强力演说当中，他不经意脱掉上衣，一瓶酒从内侧口袋滚下掉在讲台地板上，那终结了禁酒运动，也终止了他的公共事业。虽然他说酒精之毒是真的，但一旦人们看见此人的伪善，他们便不再买他的账。

## 避免闲谈（不绮语）

第四种错误的说话方式是闲话，觉者称之为愚蠢或无意义的谈话。我们在英文中说“gossip”（闲话）一词时，可能泛指所有的负面言词，从恶意的谩骂，到只是漫不经心或无用的闲谈。根据觉者的教导，这些言词都被认为是错误的。

不论我们说某人的事是否真实，闲聊别人就是个问题。毕竟，若三个人叙述第四者的故事，每个故事都会不同。人性就是如此，不论什么事我们很容易相信初次听到的，即使它只是某一人的版本。它可能是基于事实，但闲话会修饰与夸大它。

闲话导致争吵与误解，它可能破坏人际关系。最严重的情况是，它可能导致毁谤或污蔑的诉讼。在佛世时，闲话的力量颠覆了一个大联盟：

离车族是个骄傲与自由的种族，是强大的八族联盟中最重要的成员，首都即是联盟的首府。一个野心勃勃的统治者，邪恶比丘提婆达多的主要支持者阿阇世王，计划侵略离车族人。国王问觉者对于侵略计划的意见，觉者说离车族人相处和谐，并告诉国王："只要他们维持统一与和谐，你就不能侵略他们。"国王遂延缓他的攻击并深思觉者的话。

阿阇世王想到一个简单迂回的计划，他让大臣去挑拨离车族人。大臣去找一个离车族人，煞有介事地在他耳边说："稻种中有米。"这是一句普通与无意义的话，每个人都知道稻种中能找到米。

但目睹耳语情况的另一个离车族人开始好奇阿阇世王的大臣对那家伙说了什么。当他问这个人谈话内容时，这个人重复稻种的说法。

第二个离车族人闻言心想："这家伙在隐瞒事实。他不相信我，编造这个稻种的蠢话来欺骗我。"在满心怀疑下，他告诉另一个离车族人这个人曾和大臣耳语。那个人再告诉另一个人，如此辗转，直到人们相信那人是间谍，其中有阴谋在酝酿。

和平动摇了。离车族人之间出现指控与争执，领导家族之间爆发战争。在敌人自乱阵脚的情况下，阿阇世王遂入侵离车族，他的军队轻易地便战胜了离车族，然后再征服联盟的其他成员。

我无须以这种故事来说服自己闲话是有害的，我自己亲身体验过闲话的杀伤力有多大。好像每次有人尝试做一些对社会有益的事，就会有人出来反对，也许他们感到不安全或嫉妒别人的成功。谣言是他们的武器，他们无须出面并提供任何证据，而在背后影射，并利用人们侃侃而谈的习性，来进行卑鄙的勾当。

当我们最初尝试筹募基金要盖中心时，一些人便散播关于修行协会的谣言，说我欺骗捐款人，想要以募得的钱去暗中创业营利。未署名的信件被送到关键人手上，告诉他们别捐钱。闲话由某些人恶意发起，但它是由不明就里的人所散播。我所居住城市的佛教会，原本一直是支持我们的，此时开始被分化，幸好那些反对成立修行协会者，找不到任何真实过失可大做文章，否则我们的努力将完全付诸东流。

只要人们继续道听途说，谣言就永无止境。有次修行协会的一位美国理事到斯里兰卡旅行。在那里，他加入一群来自各国的禅修者中，他们花了一晚讨论各地的禅修中心。在这次集会中有人提到修行协会，某个女士惊呼："啊！就是在晚上办茶仪式的那个中心！"当我们的理事提出异议时，她还是坚持所言属实。最后，我们的理事说："嗯！我打从 1971 年起就认识德宝法师，且在修行协会成立之初便加入，我知道那里没有茶仪式。"若无知道事实的人在场，无人能反驳那位女士的说法，也许别人还会进一步增添不实的评论，甚至可能造成损害的话。闲话就是这么开始，并如此伤害个人与团体的。若听到某人说闲话或说损人的事，我们有两个选择：结束谈话或劝阻负面说法，就如我们的理事在这个情况中所做的那样。

但佛法中，对不绮语有更彻底与有力的指导——所有不必要的谈话都是有害的。我们许多人花很多时间闲谈数天或数月前吃过的食物；尝试回忆一些看过的愚蠢电影或电视节目的细节；甚至浪费更多时间说无厘头的笑话，这种谈话无法导致任何深化的智慧。当我们想到人生多么短暂与脆弱，随时可能被意外或疾病夺走时，还会把宝贵的时间徒然消耗在无聊的闲话上吗？头发着火一定得尽快扑灭，同样地，我们必须发愤精进解脱炽燃的烦恼，而非在闲话上浪费时间。

不可否认，有些看似无聊或愚蠢的谈话，却有实质重要的意义。有时我们必须说柔软无意义的话，去安慰某人或关爱自己的小孩。凡是发自慈与悲的正念言词，都是正语可接受的部分。检验的方法是在说话之前，停下来问自己：“这是真的吗？这是和善的吗？这是有益的吗？这会伤害任何人吗？这是说某些话的恰当时间吗？”

## 正语修习

正语并非你在蒲团上练习的事，它出现在对话而非沉默之中。然而，在正式禅修期间，可以想想自己说话的习惯，并尝试将它导向正思维——放舍、慈爱与悲悯；可分析过去行为并自问：“我昨天说得对吗？我只说了温柔、和善、有意义与真实的话吗？”若发现自己已有些偏差，可决意改善你的正语随念。

你能做的最重要决定是说话之前先三思。俗话说：“看好你的舌头!”但更重要的是看好你的心。舌头自己不会动，心控制它，在你张嘴之前，检查心看看你的动机是否良善。任何发自贪、嗔、痴的话语，到头来一定会令你后悔。

同时下定决心，不说任何可能伤害别人的话，这决心一定会帮助你在说话之前小心地思考。当你正念分明时，自然会真实、温柔与和善地说话。正念能让你免于用唇枪舌剑伤人太甚，若你说话的动机是有害的，立即以正念与正精进预防这些念头的发生。

决意不以言词伤人，这在你对某人感到憎恨，或讨论尖锐议题时尤其重要。小心！只以温柔与慎选的言词。说话柔和能带来平静与和谐，并帮助对话持续以有效、有益与友善的方式进行。

若有人靠近你并以煽动的方式说话，例如唠叨或闲谈你的某位朋友，你察觉自己心烦意乱，立即停止谈话。默默提醒自己：“我不能随之起舞，我不应像那人一样沉沦失去正念。这个对话已迷失方向，我选择只进行有意义的对话。”在许多情况下，对方会以停止煽动的谈话来响应你的沉默。你可利用接下来的暂停，把对话转向较好的方向。

事实上，身为修行者，一旦察觉对话正朝错误的方向走，你应负责把它导回正轨。我们很容易被情绪性的谈话牵着鼻子走，并开始叫嚣。相互叫嚣会对所有涉入者造成痛苦，以正念回想，当你情绪失控时那个感觉多么可怕。提醒自己平静下来，到能再度和此人谈话可能得花上好几个小时或好几天。许多好的感觉会失去，也许永远难以恢复。

然而，虽然已尽了一切努力，有时你还是会生气。若对方持续激怒你，以唇枪舌剑攻击你，你可能变得完全混乱与困惑。这时你很容易发怒，当发现自己更加混乱时，向对方说“等一下！”希望能找到片刻清理内心。但若对方回答“不！你才等一下！”并继续攻击，怎么办？

在这种情况下，当对话失去控制时，你的任务是迅速找回正念，并以正精进克服愤怒。即使愤怒的感觉使你心跳加速，身体冒汗，并挥舞双手，决意避免口出恶言的正念，仍能帮助你处于控制状态。只要拒绝让愤怒告诉你该说什么，专注于呼吸，以重建正念，直到愤怒消退为止。

让自己冷静下来，将给你与对方一个机会，以更友善的方式打开你们的心。随着心开始温暖，你将更清楚地看见对方，也许会了解你们烦乱的原因，也会看见愤怒的心理状态把自己搅得多么混乱。随着尊重与关怀的感觉增长，你可以决心使用这一刻，来展开一段崭新与更友好的关系，并加深你们之间的友谊。你应始终都希望如此做。

当看见心与口已调伏，且情况变得更和谐时，你应为自己感到高兴！对自己说：“这是我希望的，我希望一直以让好事发生的方式行动。”一再地提起那个念头。

我来说一则有一次我必须使用正念修习正语的故事，也许我的经验会给你一些线索，会让你知道在你的生活、工作、家庭与人际关系中出现状况时，如何运用正念。

许多年前，当时我负责管理某个寺院，一群人召开一个寺院护持者会议。这些人反对我发起的一些工作，需要一个讨论会来表达他们的意见，有点毁谤名誉的议题也被排入议程。其中一些人对讨论事项有很强烈的情绪，他们虽然出生在佛教家庭，但对禅修毫无兴趣。事实上，他们认为禅修是疯狂的事，因此不了解我的工作。我预期这次会议我会如坐针毡，而实际发生的情况却更糟，超出所有人的预料。

大约40个人参与会议，包括我的亲戚、好友，以及希望对我的计划表达支持者。在会议正式开始介绍之前，一个非常单纯的人站起来开始说话。他未受过教育且技能不足，说话经常不加修饰，他对所讨论的寺院事务说得不多，却谈了很多关于我的事。他以粗鄙的言词控诉我数年来对寺院毫无贡献，以及我正在破坏寺院的支持体系等。他用社会上难以接受的贬抑与伤人言语骂个不停，持续了大约20分钟。

在这个令人吃惊的口头攻击过程中，我默默修心，为了防止嗔心生起，我保持如理思维。我能了解他心情很乱，告诉自己："这人本性平和，我们曾有过一段不错的关系，他一定是受到对这些事强烈不满者的蛊惑才会如此。"他说话时，我思考自己有许多他所欠缺的修行与文化陶冶机会，我回想他只受过小学教育，没有什么技能，且对修行兴趣欠缺。我这样地尝试对他修悲，并感激修行让我永远不会如他一般说话与行动。

我也思考事情发生的来龙去脉，若我表示抗议，我的支持者也会挺身而出，则这次会议可能沦为一场恶斗。我看见人们瞪大眼睛并对那人皱眉，蠢蠢欲动，我意识到亲戚们尤其深受影响。我是家中的长者——兄长、伯父、伯祖父与曾伯祖父，且是公认温和的比丘。自然地，我的家人尊敬我，并想要保护我。我知道，我若对那人所说的话表现得好像受伤或难过，亲戚们会感到愤怒并衍生各种情绪，甚至可能动手攻击那人。因此我告诉自己："此时我必须行使正念、安忍与正见，以确保这场会议和平收场。"

我通过专注于呼吸来建立正念。面对这样的挑战时，在响应之前，最好能暂停一下，并做几个深呼吸——也许2分钟的深呼吸，或三十次入息与三十次出息。这个暂停会让你有时间放松与整理内心，这样你才能讲理，而非气急败坏。

最后，他似乎已耗尽一切而停止发言，大家都很紧张，他们都看着我。我以平静的声音说："这位绅士一直以来都是我的朋友，他是这间寺院很好的赞助者，并做了许多美好与有益的事，他也知道这些年来我对寺院做了什么。但今天他似乎显得沮丧、失望与消沉，因此我想祝福他与大家。"

我请大家合掌礼佛三次："皈敬彼世尊、阿罗汉、正等正觉者。"这通常是我们在正式仪式开始时念诵的。在隆重的传统仪式中，从此刻起任何人都不得争吵或恶言相向，那对觉者似乎不太恭敬。然后我带领群众诵五戒，借此提升他们的心，并确保大家都能记起觉者正直无害的行为准则。最后，我诵了一段长祝愿文，并接着说："现在你们可以回家了，会议结束。"事情就此画上句号。过了几年，他还是对我保持冷淡，但之后我有机会为他服务，帮他渡过一些难关。从那时起直到今日，他都对我很友善，且总是表达感激与敬意。

正念是帮助我解决这个困境的关键，同样的技巧也适用于你。我有时听到人们说事情发生得太快，"即使有正念"也无法控制行动或语言。说"即使有正念"毫无道理，也许他们的正念微弱，或被贪、嗔、痴所侵蚀。但根据定义，正念使我们持续控制所思、所行与所说，我们不可能带着正念对某人咆哮，或带着正念酗酒，或带着正念邪淫。若真的有正念，你根本不可能做这些事！

因为积习难改，以致我们经常口不择言。我们可能不清楚自己的言语倾泻了多少能量。在正念觉知下，我们停止能量外泄，并汇集能量。我们可利用增加的能量去培养对习惯本质的洞见，以这个能量为动力来源，可在禅修中与自己对话，评估自己的行为，进一步训练心。

然而，当失去正念让这个密闭的能量外泄时，它经常会犹如瓶子的瓶塞般"砰"的一声爆开来！我尤其在闭关结束时看见这点。稍早之前，一群绝对安静的人端坐或缓慢与安静地移动，之后闭关的"圣默"结束，瞬间爆发聒噪喧哗，这股谈话的洪流会持续1~2个小时，直到积聚的能量都疏散了为止。闭关的时间愈久，人们就会变得愈大声、愈轻率，除非他们非常努力地维持说话的正念。

错误说话的唯一解药是强烈的正念——不只是在闭关期间，或当你面对困境的挑战时，而是终生如此。我向你保证，正语随念将为你带来快乐。

## 正语修习要点

以下是通过修习正语防止痛苦生起的要点：

- 正语需要你断除妄语、两舌、恶口与绮语。
- 不作为的说谎仍是说谎。
- 恶意谈话（即两舌）破坏别人的友谊，或损害他们的名誉。
- 口头辱骂、亵渎、讥讽、嘲弄与过度直言或不当批评，都是刺耳语言（即恶口）的例子。
- 恶口不只伤害别人，还会贬低自己。
- 闲话与空谈导致争吵与误解，浪费你的时间，并制造内心的烦恼。
- 一切不是发自放舍、慈爱与悲悯的无谓言词，都是有害的。
- 检验正语的方法是在说话之前停下来问自己："这是真实的吗？这是和善的吗？这是有益的吗？这会伤害任何人吗？这是说某些话的恰当时间吗？"
- 利用正念让自己不说任何有害话语，以及只使用温柔与慎选的言词，将能为一切困境带来和谐。

第四章

# 正　业

有些人想要一个简单的规定清单，并依其行事，从而确保自己的行为是道德的、规矩的；其他人则需要一些规定来确保自己的灵修目标得以实现，不管是升入天堂还是达到觉悟。觉者确实提供了一套戒律来阻止我们积聚痛苦，但真正的道德行为远非任何规定清单所能描述的。确切地说，戒律是一套环环相扣的准则体系，其中折射出我们的行为如何将痛苦加诸自己和加诸他人——每个人的道德抉择如何影响众生万物。

## 五戒

佛教戒律从五个道德原则开始，强烈建议人们若想要取得心灵进步，便得遵守它们，即：

- 不杀生
- 不偷盗
- 不妄语

- 不邪淫
- 不使用麻醉品

佛弟子被期待要誓愿遵守这些规定——五戒。然而，这五戒并非觉者所创，它们是永恒、基础与普遍的。

五戒中有四个被直接涵盖在八正道中。正语包含不妄语；正业被定义为不杀生、不偷盗与不邪淫。五戒中最后一戒——不使用麻醉品，间接包含在正业中，是因为迷醉的人无法让自己免于说错话与做错事。

在道德修养的最初阶段，我们需要这五戒，就如孩子需要父母耳提面命"别碰火炉"一样。小孩长大之后会了解父母的规定是为了防止伤害而存在。同样地，当我们充分了解戒律时，正业就会变得自动自发，不可能想要犯戒。此时无须回顾它们，便能让自己走在正道上。

## 道德行为

传统上说正业包括不杀生、不偷盗与不邪淫。在五戒与八正道的正业定义中，虽然使用相同的词语，意义却稍有不同。就五戒的目的而言，其意义非常简单与直接，就是不做这三件事。杀生、偷盗与邪淫是三种你可能做的最恶劣行为，若做了它们，你将不得安稳。因此，我们郑重立誓并严格遵守它。

然而，当觉者以不杀生、不偷盗与不邪淫定义八正道的正业时，他只是将它们作为侵犯别人的最恶劣情形列举而已。因此这些禁制不应仅仅狭义理解为持戒的要求，而应视作指引性原则，推广到更高一层的道德行为层面。

例如，在一次谈话中觉者劝大家慈悲对待一切众生，他说：

> 众生皆畏杖；众生皆怕死。
> 推己及他人，勿伤害对方。(Dh 129)

他解释，任何伤害对方的行为——破坏财物、纵火、持械恐吓——都是错误的，即使无人死亡也是如此。我曾听过一个故事，某个年轻人不喜欢他研究所的同事，为了报复，他暗地里把他们的毛巾浸入马桶，还破坏了计算机。害人的小动作与恶作剧，也同样是错误的行为。

道德行为还有更精妙的层次。例如，不杀生的最高意义是，培养完全不害的态度，并总是希望其他众生幸福。

我们修习正业并非为了避免违反觉者的规定，或因害怕若做了会被某人惩罚。我们避免残酷与伤害的行为，是因了解这种行为的后果——它将于现在与未来，为我们与周遭所有人带来深切的痛苦。修习正业是因我们希望生活是有益与和谐的，而非破坏与引发争议的，因想要一颗平静与快乐的心，不受遗憾与懊悔折磨。

在遵守道德原则时，心会对我们要许多诡计。有些人告诉自己，道德规定不适用于年轻人，他们说："我现在可好好地享受，随心所欲地做事。到年老时，我就会约束行为。"很不幸地，到晚年才遵守道德原则就如同临终时中彩，若等太久，将无法享受道德生活带来的利益——免于上瘾、健全的人际关系、清白的良心与不烦恼的心。最好在你还年轻、健康与强壮时，就能享受道德的善果。到了晚年，你将不需要道德原则来让自己免于犯错。

另一个我们要的诡计是对自己说："这些道德原则对我有什么好处？我照这样生活就很好了啊！"若这是你的反应，最好仔细检视你的理由。若你的生活这么好，为何要说谎、偷盗、饮酒或杀生？轻易违反道德原则将成为一种难以破除的习惯。此外，这些行为无可避免地会导致负面结果，你无法逃于因果法则。违反道德原则，你得冒着失去健康、财产、珍爱的感情与其他许多所珍惜事物的危险。此外，得面临担忧、内疚，乃至更大的痛苦。记住，遵守道德原则是为了让自己快乐，而非痛苦。

即使微小、看似琐碎的不道德行为也会有一些影响。我曾听说某个人失去数百万生意的合伙机会——只因杀了一只虫子。他是个精明干练的生意人，他做东和某个有潜力的伙伴谈一笔生意。在他们交谈时，一只昆虫落在这个生意人的啤酒杯沿上，他用一根小搅拌棍把它推入啤酒里。当虫子爬上杯子时，他就再把它推下去。他一边谈价值数百万的生意，一边捉弄虫子，反复把它推下去，直到淹死为止。

事后这个有潜力的伙伴告诉我，在看见这一幕之后，他心想："这个人太残忍了，他为了赚钱也许会不择手段，我不想和这种人做生意。"他因此而取消交易。

你可能好奇，为何正业的原则要以负面的方式表述——不杀生、不偷盗等。这个原因很简单，除非丢掉错误的，否则我们无法获得善行的喜悦。我们习惯依充满执着的心去行动，那会导致各种罪恶。首先，我们必须抗拒这个自然趋势，然后才能了解当行动合乎道德时，会感到多么轻松、舒适、自由与平静。我们不可能在污秽的锅中煮出美食，或在杂草丛生的土地上种出美丽的花朵。只有排除负面因素，才能创造滋生善法的适当环境。例如，不杀生或断绝其他充满敌意的行为，让我们创造合适的气氛，慈悲对待别人。同样地，不偷盗，即不与取——不拿别人未应允的财物，或属于别人的创意或工作，能促成它的反面——布施的生起。

道德行动把我们的焦点从个人欲求，转到最能利人、利己的事情上。当沉迷于自身欲望时，我们主要是被嗔恨、贪欲、嫉妒、性欲与其他私欲所推动，此时我们既无自制力，也无正确行动的智慧。但当我们断除恶法时，心灵迷雾清朗一些，并开始了解慈爱、悲悯与放舍真的能让人快乐。这个内心的清明，帮助我们做出道德选择，并在觉悟之道上前进。

## 不杀生

伤害其他生命的意向，通常来自憎恨或恐惧。当蓄意杀害生命，即使杀害如昆虫这样的小生物时，我们减少对一切生命的敬意，因此也看轻自己。正念帮助我们认清自己的憎恶，并对它们负责。检视心理状态时，我们看见憎恨与恐惧导致残酷与暴力的循环，这些行为不只伤害别人，也破坏内心的平静。不杀生让内心平静，且无敌意，这个清明帮助我们断除破坏性的行为，并拥抱发自布施与悲悯的行为。

某位学生告诉我，她过去一向害怕与厌恶某些小生物，如老鼠、跳蚤与壁虱等，因这些感觉，她乐意杀死它们。当正念的修行帮助她变得更和善时，她决心不杀死这些生物。结果她害怕与厌恶的感觉消失了，不久之前，她甚至徒手捧起一只大蟑螂，把它拿到户外放生。

当戒杀时，我们对生命的敬意会增长，且开始悲悯地对待一切生命。那位学生告诉我，她去拜访一位住在禅修中心的朋友时，她注意到一个挂在该中心员工宿舍门廊的昆虫陷阱。陷阱中有许多只黄蜂，浸在甜味苹果汁中，一旦进入陷阱的小开口，它们便出不来，在狭小空间飞到力竭时，便掉入陷阱底部，慢慢淹没在苹果汁中。这位来访学生问她朋友有关陷阱的事，他同意在禅修中心摆这种装置是一件丢脸的事，但他说是上级把陷阱摆在那里，他也没有办法。

虽然她尝试忽略陷阱传来的嗡嗡声，却无法将黄蜂的痛苦置之不理，很快她感到自己必须做一些事让它们有机会脱逃。她拿起一把刀子，在陷阱顶部刺了一个小洞，并插入刀子把它撑开，几只黄蜂爬上刀锋安全逃出，她把洞再扩大一点，又有几只出来。最后，她明白自己连一只黄蜂死在陷阱中都无法忍受。虽然她对于介入此事很紧张，但仍把陷阱拿到附近田野，并把它完全割开，放出所有还活着的黄蜂。在如此做时，她许愿："愿我能解脱负面的态度与行为，如同这些黄蜂被从陷阱释放一般。"

她告诉我从那时起，就再也不怕黄蜂了。去年春天，一个黄蜂巢出现在修行协会的主要出入口下，有人在那里进出被叮咬，于是这个地方被绳子隔开。然而，她继续使用那个出入口，在它被移走前进出都没事。她说：“若再被黄蜂叮咬，我会很惊讶。但若真的被叮，我会更担心可怜的黄蜂，它们受到干扰，并可能因叮我而受伤。”

从她的经验你可以了解，戒杀能在生活中增长慈悲行为，创造适合的气氛，这很美好，且有助于在佛道上更进一步。但我们不应在支持不害时变得激进好斗！正业要求我们对于道德行为做出自己的判断，而非顽固坚持每个人都应效法我们。

就拿吃肉这件事来说，我虽不吃肉，但不坚持每个人都成为素食者。眼光放远一点，我看见即使素食者也间接促成杀生。假设有个村子住着一千名素食者，邻村有个供应这千名村人蔬菜、水果与谷物的农夫。当农夫垦地或除虫时，他会杀死许多小生命，许多其他小动物与昆虫也在收成作物时被农场机械杀死。邻村的素食者们感到非常自在，虽然生物确实死了，素食者们在进食时却心安理得，因他们并无杀生的意图。从这个例子可看出，吃素与在种植过程中杀生是两码子事。同样的逻辑也适用于吃肉，吃肉与为肉杀生是两回事，觉者有时也吃别人供养的肉，那些只是吃肉者，并无杀生的意图。

为了持守不杀生戒，觉者明确定义蓄意杀生的行为。在为比丘制定的规则中，觉者进一步厘清杀生行为的必要条件：

- 必须有生命
- 你必须知道有生命

- 你必须有杀生的意图
- 你必须谋划用某种方法杀生
- 你必须只使用预谋的方法，实现杀生

吃肉者并不符合这些条件中的任何一个，他们知道正在吃的是来自某种动物的肉，他们并无杀害动物的意图，且也未参与杀它。

若吃不到肉，人们不应为了吃而外出打猎或杀死动物，应改吃别的东西，但也不应太神经质，尝试避免一切间接促成杀生的事物。仔细想想，在现代生活中，可找到一堆间接促成杀生的事，即使开车或走过草地也会杀生，使用的各种药物都曾经过动物实验——杀死它们，使它们残废，或令它们生病。从这些药受惠不是杀生，觉者说得很清楚，你的意图才是事情的关键。

论及心灵进展，素食者与非素食者之间并无差别。当素食者贪爱、嗔怒或愚痴时，表现的方式和吃肉者相同。若你想要成为素食者，当然很好，素食非常健康，我个人是出于悲悯动物的角度考虑而维持吃素。然而，别为了达到究竟安乐的目标，而强迫自己不吃肉。

许多在家人问我，如何处理家里与花园里有害的昆虫，他们想要成为不杀生的好佛教徒，但若不管它们，花会枯萎，房子会不保。我告诉他们，即使有很好的理由杀虫，还是杀生。然而，并非所有的杀生都有同样的业报。杀害昆虫障碍一个人进步的程度，通常不如杀害一只狗等动物的影响，杀狗的影响则不及杀人，没有任何杀业比杀害父母与圣者更严重，这种杀业将使杀者无法在此世达到觉悟，并堕入无间地狱，杀虫并无这么严重。了解不同层次的影响之后，我们自行抉择并接受果报。

### 不偷盗

偷盗是贪欲或嫉妒的表现，拿走不属于自己的东西，是很难破除的坏习惯。有些人恶习难改，即使参加禅训课程尝试获得一些安稳与快乐，他们仍继续偷盗。在修行协会，我们知道人们偷窃蒲团的事，我可不信有人能在窃得的蒲团上禅修而达到觉悟的！图书馆也有同样的问题。由于修行协会位于森林中，无法快速取得重要的佛教藏书，因此自给自足维持自己的收藏，随着时间的流逝，有些书不见了。人们来中心禅修与研究佛法，却不了解拿走不属于自己的东西，对于追求心安永远无益，这难道不是很讽刺吗？

修习不偷盗的正业，意味着努力保持诚实，且尊重别人的财产。它意味着购物后店员忘了向你收费，或多找你零钱时，指出他的错误。它意味着特地去归还不属于自己的东西，且对于此行为不求回报。

当然，有时诚实确实会有物质报酬。我记得一则新闻，两个男孩在西尔斯百货公司的厕所捡到一整袋钱，他们把袋子带回家后，发现内有36,000多美元！在父母的支持下，男孩们决定把钱移交给警察。

事后发现有一个男人去银行存款时把钱落在洗手间。他确认袋子里的钱数量无误，由此得以物归原主。不难想象当他发现金钱遗失时有多么痛苦，以及失而复得时有多么感激。他一定会对正义与人性的善良重新燃起信心，他给两个男孩丰厚的报酬以表达谢意，且社会也表彰他们的诚实。

拿别人的财物或金钱是偷盗常见的情况，但我们经常遇到比这更微细的偷盗情况。侵占别人的创意也是偷盗，从办公室拿一些小东西，如笔、记事本、光盘等，带回家供个人使用也是。我们经常为自己辩解："我可以靠自己想出那个点子。"或"这是公司欠我的，我已被剥削好几年了。"偷漏税、开空头支票、收受贿赂，以及从事欺诈也是偷盗。甚至当你饥饿时顺手牵羊，也是窃盗。记住！为了喂饱身体而出卖良心，绝不可行。

修习正业的道德规范，目的是让生活快乐。若违反它们，则在此世或来世，痛苦一定会尾随而至。快乐需要心安理得，别以为不偷盗是为了世人好，如此做，是为了自己现在与未来的满足。

一旦越过对抗任何偷盗形式的粗略层次，在物质层面我们会逐渐变得舍己为人。以不偷盗戒为指南，我们变得比较不嫉妒别人的财物或好运；反之，我们能欣赏别人的快乐。

### 不邪淫

觉者的话通常被译为"不邪淫"，其实它不只是指性行为而已，这句话的直译为"不放纵感官"——一切感官。邪淫是感官放纵特别有害的形式。

为了持戒的目的，传统上认为觉者所说的"不放纵感官”，特别是指不邪淫。邪淫包括强奸与操纵某人违反其意愿性交，邪淫戒是指不和未成年人、动物、别人的配偶或伴侣，以及受父母或监护人保护者性交。若未结婚的相爱伴侣之一背叛对方，那也被认为是邪淫；和适当与同意的成年伴侣性交，不被视为邪淫。

人们漠视这些定义，因性欲而惹上许多麻烦，讽刺的是，性欲永远无法被完全满足。无论人们冒了多少危险或经历多少身心痛苦，尝试满足欲望，结果都陷入其中，无法自拔。有些人因性欲造成身心煎熬，而转向禅修。很不幸地，即使在努力获得一些内心专注与安稳的过程中，经常看到性欲仍持续困扰他们。

这个问题唯一的解决办法是，从节制性事开始。若你不能做点自我节制，通往快乐的正道将永远崎岖难行。有些很认真的禅修者已大幅改进喝酒或说谎等坏习惯，却不明白为何要约束性行为。他们说：“我不懂生活中有点乐趣有何不可。”传统上对不当伴侣的列举，似乎为他们开了一扇小门，他们立即察觉其中并未反对和许多人发生关系，只要是适当与未婚的即可。它也未反对廉价的激情，但廉价的激情会让你堕落，并降低你的自我价值。随便性交伤害你，也可能伤害别人。

这种乐趣有什么好？带给你欢乐？满足你的欲望？然而，过去我们一直说渴爱——欲贪——是痛苦的根源。觉者的第二圣谛告诉我们，一切痛苦皆源于欲贪。混乱的性行为，是使心陷入渴爱与憎恶循环最简便的方式之一。性欢愉如此诱人，而它们的阴暗面——拒绝、难堪、挫折、嫉妒、不安全感、后悔、寂寞与渴望更多——如此令人难以忍受，它们迫使人们不断地重蹈覆辙。

问题是爱欲无法通过肉体的满足而得到纾解，这么做就像搔抓毒葛疹一样。虽然搔抓也许可以暂时止痒，但它会扩散毒液并使问题更加恶化。治疗你的情况需要自制，要克制那些让你更加不适的行为。

觉者用一个强而有力的比喻，来说明人们思考性欲时常犯的错误。在佛世时，常看到麻风病患聚集在火边烧灼伤口，这种疾病使人奇痒难耐，用火烧脓疮会让他们感到稍微舒服一点。但火无法令伤口愈合或治愈疾病，反而会烧伤自己。一旦短暂的舒适感消失，脓疮就会因烧灼而肿胀、流脓，这些可怜的受苦者将比以前更不舒服、更痒。因此，麻风病患们又再重回火边烧灼自己。

觉者说，人们想从性欲寻求纾解的情况就像这样。当走向纵欲之火时，他们暂时从性欲的痛苦中得到纾解，但放纵之中并无治愈的力量，只是烧灼自己。接下来的渴爱与奇痒会更加剧烈！

觉者接着说，现在想象一下，一位伟大的医生出现，并为麻风病患带来解药，病患服用之后完全康复，此时他们会如何看待火呢？世上再也没有任何力量，让他想再烧灼自己。以前的同伴呼唤他围在火边，并再次烧灼自己，这位已痊愈的病患记得那个情景——渴爱的疯狂与烈火的暂时纾解，再也没有任何事能让他重回火边。他为以前的同伴与先前的痛苦，深感悲悯。（M 75）

觉者经常自称为医生，并称他的教导——“法”（dhamma）为药。如偈云：

> 世间一切药，各式与各样，
> 皆不如法药，故请汝饮之。
> 饮此法药已，汝不老无死，
> 既行且见道，汝离欲寂灭。
> 〔Miln 335（V），持法法师英译〕

听到这里，你可能会质疑："难道我一定得在伴侣与正道之间做选择吗？"这个误解造成许多人不安。但忠诚伴侣间的性爱，并不会阻碍修行。事实上，相互扶持的关系可以是践行八正道达到安乐的重要资产。

不邪淫可用更微妙的方式来维持，远胜过专门的持戒。在它的最高层次，你视一切女人为姊妹，一切男人为兄弟，年长者为父母，年轻者为子女，性欲便消失了。无论如何你再也不会以那样的方式看人，所有猎食的态度都不见了，甚至连微细的性欲，也都升华为悲悯与关怀别人的福祉。

此外，为了圆满正业道支，觉者劝我们别放纵感官，不只邪淫而已，这意味着什么？当我们通过刺激感官，放纵渴爱到疲倦的程度时，那就是放纵感官或纵欲。

你忽略了哪些部分的行为？你为了欢乐或逃避，而在哪些部分放纵身心？问自己："我是否花很多时间看电视，或熬夜伏案做无谓的工作？是否饮食超过维生所需的量？是否去夜总会听震耳欲聋的音乐，到离开时都还耳鸣？是否沉迷于声色犬马至精疲力竭，隔天无法好好工作？是否以有益于生活与社会的方式使用因特网，而非只是玩乐到头昏脑胀？”

这些活动无论对身体还是对心灵成长都是不好的。断除它们会怎样？你将转而自尊、自重，在这些活动中自我中心可能消失，而为活泼与布施的心留下空间，不再服膺渴爱的呼唤。

## 不使用麻醉品

五戒中的最后一条是避开酒精、毒品或其他麻醉品，同样的原则亦适用于正业。觉者说这条戒时，使用了条件语句，他并未告诉在家众避开一切麻醉品，而是只有那些令人“疏忽、着迷与不注意”者。换言之，小心使用止痛药与其他医师处方的麻醉剂，并不违反这个禁令，偶尔小酌，如喝一小杯酒也是。我们必须用常识加以判断。

虽然小酌是允许的，但却不被鼓励，一杯很容易接着又一杯。有些嗜酒者可能在一杯之后，就失去控制并喝过头。因此，最有效的控制时机是在第一杯前，而非之后。有些人是慢慢上瘾，每次多喝一点，并未察觉偶尔饮酒正在逐渐酿成大祸。此外，家里摆酒会引诱人们在有压力或悲伤时冲动饮用。无酒我们可以活得很健康，最好别让它有机会毁了我们的生活。

长期以来，我听过许多喝酒导致痛苦的故事。例如，一位住在修行协会的人告诉我，许多年前她并不喜欢喝酒，只有在别人坚持时才喝一点。在一次酒会上，她连一瓶啤酒也没喝完，只是整晚拿着瓶子四处走动，应付那些正在喝酒的人。大学毕业后，她搬到一个新小区。她的新朋友们经常喝酒，她也培养出偶尔社交喝酒的习惯，并从此愈陷愈深。她告诉我，有一晚她心情很糟，饮了一种烈酒之后又换另一种。当朋友们提醒她时，她咒骂他们，要他们别管闲事。突然间，一种奇异的感觉穿过身体，后来她才了解它一定产生了化学变化。从那时起，她渴望酒精，两年内她每天喝酒，且一个星期喝醉好几次，个性恶变并深感痛苦。最后，她求助于戒酒计划，现在已恢复清醒好几年了。

人们喝酒或吸毒有许多理由。年轻人想要感觉更像成人或老成世故；害羞或紧张的人想要放松，或感觉更善于交际；烦恼的人想要忘掉他们的问题。这一切动机皆来自不圆满苦，来自想要逃避此刻正在发生的事实。

但请深入思考此事，逃避永远无法解决任何问题，或减轻任何一种痛苦，酒瘾或毒瘾只会让你更痛苦，可能令你丧失体面、道德原则与矜持。你可能说谎，犯下邪淫、偷盗，甚至更糟，可能赔上健康、财富、婚姻、家庭、工作与事业，也可能失去别人的敬意与自尊。最后你深陷痛苦，并质疑为何一切不好的事都发生在你身上。总之，毒瘾或酒瘾的最好解药是，在第一时间就不使用它们。

为了八正道的目的，我们可以超越第五戒的字面意义，看看不使用麻醉品戒是否暗示着更深的内涵。我们用哪些其他的方式麻痹自己？为什么？以正业的这一准则为基本指引，反省你的行事动机，自问你是否意在回避保持正念。你的逃避方式是什么？看报纸？东拉西扯地闲谈？正念可帮助你看穿自己用来回避持续觉知实相的诡计。

## 在家人的更高戒律

每个人每天都应持守五戒，但想要更快速在佛道上前进者，可在一段时间内遵守更严谨的训练规则。这些规则包括基本的五戒与几点更严格的限制。有些禅修者在特殊场合遵守这些规定，例如参加闭关时；有些人则在禅修中心或寺院时遵守它们。

传统上有八条戒规（八关斋戒）：

- 不杀生
- 不偷盗
- 不邪淫
- 不妄语
- 不使用麻醉品
- 过午不食
- 不跳舞、唱歌，沉迷于音乐，或看表演，以及不使用香水、化妆品或装饰品
- 不使用高大、宽广（即豪华）的床铺、坐椅

经常持守八戒有助于改善禅修，当心安理得无愧于人时，定力会增强。

古时佛教国家的人们一个月有四天持这八戒，分别在朔、望、上弦与下弦日。他们花一整天的时间，在寺院中禅修、

读经、闻法与讨论，有时从一个寺院或圣地朝礼到另一个。他们无论聚在哪里，都一起禅修或聆听有学问的居士、比丘开示，隔天则继续日常活动。

现在很少人持守这八关斋戒。当不上班或不带小孩时，我们多数人把时间花在做家事、看电视、参加派对、看电影、上馆子或去酒吧，当厌倦这些活动时，就去度假。我们可能为了这个度假而辛苦工作赚钱，而度假的内容经常是又一次的寻欢作乐。当返家时，有时感觉需要另一次假期才能从这次假期恢复过来！然后再回去工作，因为没钱无法度假，而没有辛苦工作就没钱。也许你已看出这个痛苦的陷阱。

八关斋戒提供了另一个选择。持守这八戒一天、一星期或更长的时间，能让你从例行公事中得到真正的休息，并让精神与头脑恢复清明，而非醉酒难受、疲惫与易怒。你无须到寺院持八戒，可私下在家做。家中有小孩，要找到自由与安静的时间可能比较少，因此把这些宝贵的时间花在培养内在安稳上，便更加重要。遵守这些暂时戒律的立即利益，是平静、知足与放松的感觉，以及促进健康，死而无憾。偶尔持戒，能缓和与安抚身、心两者。

例如，通常一天吃三四餐的人，可能会发现一星期拨出一天节食是很好的习惯。他们可从一天只吃两餐，然后其余时间都禁食开始。这两餐应是丰盛的早餐与少量的午餐，跳过晚餐。由于晚上饱餐之后，并无太多活动，消化过程非常缓慢，食物会停留在胃里直到隔天早上。当你晚上不吃任何东西时，隔天早上会感到很饿，此时可吃一顿丰盛的早餐。也许在多数日子里，家庭需要与工作行程不允许你早上吃得好，以及晚上吃得少（或不吃），找一个特别的日子持八关斋戒，让你有机会尝试这种饮食风格。

你晚上不用烹调、饮食与洗碗所省下的大餐时间，可用来做许多有益的事，例如禅修或阅读佛书。虽然这个做法一开始并不简单，但它是值得培养的好习惯。记住！万事开头难。在你逐渐习惯节食后，也可尝试禁食一整天，别吃任何固体食物，但多喝水与果汁。自己善用这一天读书与禅修，对身心而言，这个小假期是很棒的休息。

以正式的方式持守八戒提醒你保持正念。当你开始做一些可能违反戒律的事时，你的心会说："等一下，记得……"然后想起："啊！我不应该……"戒律的作用，就如车夫为了提醒马保持方向而轻挥马鞭，或提醒驾驶员留在原车道的汽车喇叭声。

在家人也可发愿持八终身戒。这组戒律是由五条基本戒再加三条关于正语的规定——不两舌、不恶口与不绮语。在1988年，修行协会十周年庆时，会员们受邀参加持守八终身戒，这个建议来自我们的一个理事，她想持这些戒。受戒者们被要求在典礼之前先参加两天的闭关，以充分了解誓言的意义。这次邀请的反应令人振奋，有36个人参加闭关，终生皈依觉者，并受持八终身戒。从那时起，我们每年都提供这样的机会。

准备受戒仪式对一些受戒者来说，非常困难。许多人表示有些害怕，有些人则感受到许多阻力。对我们来说，做承诺多么困难啊！受戒仪式本身非常简单，受戒者们集体念诵戒文，每个人都得到一个以古老巴利语所取的新名字。这个简单的仪式对于人们的生活效果奇佳，尤其在说话方面。在受戒之后，他们发现若恶语或绮语脱口而出，会立即察觉这样说话多么愚蠢。戒律让他们停止，就像心里突然被扯了一把。下一次，他们发现，那些话根本说不出口。这个简单的转变，帮助他们了解戒律如何运作以产生快乐。

其中许多人写信来感谢我授予他们这些戒，说这是他们生命的转折点。但他们为何要感谢我呢？我并未要求他们受这些戒。他们是自愿的，并非为了我、其他人、配偶与小孩，或因法律规定，或为世界而发下这些誓言。他们是为了自己与生活，以及为了现在与未来的快乐，而发誓遵守这些戒规。

你不应害怕承诺修习正业的原则，或持守八关斋戒、八终身戒。你应庆幸自己已采取步骤让生活快乐。沉迷于酒精、毒品、赌博或其他恶行者决定停止时，备尝艰辛，他们裹足不前，并总有许多借口。但一旦承诺改变并维持那个纪律一阵子，将发现自己看得透，吃得好，存了钱，并和家人与其他人发展出好的关系。此时，他们将感谢并庆幸自己实行了这条正道。

同样地，我们承诺要断除恶行可能会有困难，但一旦如此做并持之以恒，我们会很快乐，非常高兴自己做了一个对于生活如此有益的决定。

## 正业修习

觉者说：“一切善的身、口、意业都以正念为本。”换言之，正业由于正念而自然增长。

让我们进一步看看为何如此。每个有意的身、口、意行，都强烈影响我们。当伤害某人或犯下某种恶行时，我们经常感到身体紧绷，且内心也变得混乱、不快乐，正念帮助我们看清这个有害的影响。我们看见恶行导致后悔的感觉，它带来忧愁，使心不得安宁。当内心激动时，我们失去专注的能力，我们的行为愈恶劣，就愈感到沮丧与忧愁。一个恶性循环开始，负面的心理状态影响我们去做另一个恶行。

反之亦然。秉持正念，我们看见当以慈心行动时，心变得平静与放松，平静的心增加喜悦，并帮助我们更深入地专注。了解这点之后，我们会有勇气去追求善行，身心都变得更健康。这个正面的回馈，让我们得以勇往直前。

我甚至敢说，持戒的正念，无论是五戒、八关斋戒，还是八终身戒，让我们看起来更美！当说话或行动时心中有戒，你感到平静与快乐，清明的心让你的脸发亮并洋溢幸福。当想到善行时，你感到高兴，这个高兴在你的眼睛与表情中闪耀，人们会被这样的表情所吸引。

当保持正业随念时，清明的心也帮助我们专注于每个消逝的瞬间，但不是以晦暗与被动的方式。我们充分发挥智能觉知内心正在发生的事，以及与周遭世界互动如何，如此发展出对于行动的普遍觉知。

这种正念在别人考验我们时尤其重要，在无人干扰你时，持戒行善相对简单。但若某人说激怒或伤害你的话，你的心可能会动荡片刻。若你有正念，你就会有足够的镇定去想：“我现在一定要小心，让我暂停一下，直到内心恢复清明，我最好别说话，也别做会令我后悔的事。”

若你清楚觉知每个互动的全部脉络，就会记得在容易受伤时格外小心。例如，若你正为失去所爱的人或事物而悲伤，可能一点刺激就会让你发怒。此时你知道，得特别小心对待他人，就如未穿鞋子蹑脚走在有碎玻璃的地方一般。当你生病、疲倦、饥饿、寂寞、痛苦或伤心透顶时，这也很重要。当面对压力时，相续的正念帮助你记得自己的脆弱，避免可能后悔的行动。

另一个必须特别注意的时机是，发现你处于可能吸引自己犯戒的过去习惯中。有偷窃习性的人，在某人皮包触手可及时，得立即提起正念。曾酗过酒者在有免费啤酒供应时，得猛然警觉。当受欲念煎熬的已婚男子，碰到对他抛媚眼的女子递上名片时，一定要对自己说：“若我拿了这个电话号码，可能会禁不起诱惑，平静的心将会受到影响。我爱妻子，不想伤害家人，虽然今天拿了多张他人的名片，但这张最好别拿，或立刻丢掉它。”

除非你已觉悟，心已完全调伏，否则仍偶尔会有闪失。在做任何你知道的错事前，应马上回头，并如理地去想它可能会如何伤害你。例如，若你感觉受诱惑想偷老板的钱，你可检视后果：自己将活在被逮到的恐惧中。若被逮到，一定会失去工作、名声，甚至自由。即使法律未逮到你，良心立刻就逮到你。单是做这种事的念头就会扰乱你的心，若你进而采取行动，那内心将会受到怎样的扰乱？当不善的动机停留在想的阶段时，你还可以相安无事，若一旦付诸行动，生活将永不得安宁。

你还应衡量错误行为带来的短暂欢愉，以及它可能导致的持久痛苦。例如，你可能很想打某个人，这个动机伴随你打人之后会感到满足的想法而来，你可能会说：“我已搞定了，那家伙再也不敢那么做了。”但你无法准确预测结果，那人可能气坏了，并更严厉地报复。他可能心怀怨恨，并暗中计划攻击你。一个错误的行为，可能导致长期与激烈的争吵。

我认识一个斯里兰卡人，长期与邻居们争吵，为了报复他们，他在邻居的水井边盖了一间粗糙的流动厕所。邻居们抱怨，要求他移走厕所，但遭到拒绝。邻居们一个个生病，两家之间的争斗逐步升级，直到某人犯下谋杀罪为止，警察开始介入，我想那人最后进了监狱。两个家庭都身心交瘁，他们彼此憎恨历经数代！邻居之间到处都有无数这样的争吵。若发现自己处于这样的争执中，我们一定要立即停止，并试着平息它。失控的争吵，伤害涉入的每个人。

正业并非觉者所发明，错误行为造成痛苦与恒久憎恨，是普遍而真实的。如觉者所说：

> 恨无法止恨，唯慈能息恨。
> 此为不朽法。（Dh 5）

觉者不称此法为他所创，它不是只属于佛教徒或其他任何人。在他的悟境中，他可清楚看见负面结果无可避免地皆来自错误的行为。若你“以染污心行动或说话”，他说：“痛苦必然如车轮紧随牛足般跟着你。”若你以清净心行动或说话，他继续说：“快乐将如影随形般跟着你。”（Dh 1－2）

第四章
# 正　业

正业不只安抚你的心，它还对你周遭的人具有正面影响。我曾听过某个比丘展示正业随念如何帮助他人的故事。这位比丘所住的寺院有棵正在结果的波罗蜜树，波罗蜜果对于寺院非常有用，每个果实都很大，有个富含蛋白质的大种子，以及可做多种烹调用途的厚果肉。食物不足的贫穷家庭可靠波罗蜜果过活，虽然波罗蜜果在市场售价不高，但在贫穷地区，偷摘波罗蜜果却可能引发谋杀。

一天晚上，这位比丘察觉有贼在寺院的波罗蜜果树上，窃贼高立于树枝上，以绳子放低每个果实，好让它不会重击地面引起注意。他就这样用绳子套住果实，等果实落地再松开绳子，然后把绳子拉上去偷下一个果实。这位比丘静静地站在树下，在每个果实落地时，他帮忙松开绳子。

最后窃贼下来了，他看到笑容满面的比丘时，几乎快昏倒。比丘温柔地对他说话，不像是受害者，反而更像担心的祖父，恳切地问他："这些水果够吗？你需要更多吗？"比丘没有大呼小叫，使窃贼陷入被寺院支持者伤害的危险。比丘平静与慷慨的反应，令窃贼惭愧得无地自容，他快速离开，从此再未到寺院偷窃。

当违反正业的道德原则时，你应怎么做？答案很简单：提起正念。首先，注意你做了什么。然后，若可能的话，作出补救。最后，立下强烈决心，未来要遵守正业要求的准则。若你曾誓愿守戒而又犯戒，那么重新发誓持戒，然后忘掉你的错举。心怀愧疚，或者为无法预知的后果而忧心忡忡，都无济于事。用比丘对待窃贼所持的包容和悲悯，来对待你的犯戒。当如此反应时，你将加倍地努力修习正业。

## 正业修习要点

- 任何有志于心灵成长的人，都应遵守五戒——不杀生、不偷盗、不妄语、不邪淫与不使用麻醉品。
- 吃肉不符合杀生的定义。
- 杀生需要动机、认识、计划与履行计划。
- 当不杀生时，我们可以成为真正无害的人，并修习慈心。
- 偷盗意指拿别人未给予的东西，包括别人的创意在内。
- 当不偷盗时，我们可对别人的需要保持尊重，并修习随喜。
- 邪淫包括强奸、操纵某人违反其意愿性交，以及和未成年人、动物、别人的配偶或伴侣，还有受父母或监护人保护者性交。它也包括破坏爱人间彼此信任的关系。
- 当避免邪淫时，麻烦的性欲就会减少。
- 和配偶或伴侣间的性关系，不被视为邪淫。
- 我们应避免一切蓄意的滥用感官。这帮助我们舍弃贪欲，以此方式，我们对别人产生布施之心。
- 沉溺于酒精或毒品可能来得很快，也可能是逐渐形成的习惯。它会造成很大的伤害，最好能从一开始就避免。
- 当断绝麻醉品时，我们可以维持一颗清明的心，并努力断除烦恼。我们可以生起正念，并学习根据事实行动。
- 持更高的戒，即八关斋戒或八终身戒，对于禅定有很大的帮助，并能在觉悟之道上更进一步。
- 正念能帮助我们克服诱惑，避免争吵，并慈悲地响应别人与自己的道德缺点。

# 第五章

# 正　命

有位学生告诉我某个精明的学佛女商人的故事。有一次她想做一笔新投资，有些酒品商店要拍卖，她知道若买下它们，将有厚利可图。但某件事阻止了她，因为她想到卖酒的生意会使这些商店的一些顾客受到伤害。他们可能酒后乱性，也可能酒精中毒或酒瘾加深。为了促进自己的心灵成长，她取消了这笔生意。

这个小故事说明了一个事实——我们的营生方法不应抵触心灵成长。我们无法完全列举构成正命的职业，但觉者给了我们一个基本的准则，只要不对从事者或其他人造成伤害，所有的工作都可以是正命。当然，除非我们已觉悟，否则没有任何工作是完美的。唯一真正完美的生计是成就者——彻底断除一切贪、嗔、痴者所做的工作。但我们这些尚未成就者，仍能做许多调和工作与修行生活的事。

如同许多佛教伦理问题一样，对正命的理解涉及两方面：从事伤害他人的工作本身是错误的，因它违反道德原则；这种工作也因伤害我们所以是错误的。由于我们尚未觉悟，无法完全避免不安与痛苦，工作中难免发生引起爱憎挣扎的事情，但我们可避开阻碍心灵进步的工作。若工作造成过度不安，我们的心将无法静下来禅修。

让我们看一个明显的例子。例如某人的工作需要杀害动物，他也许是拿新药测试白鼠的研究人员，或是鱼贩、杀猪人。当此人禅修时，内心可能烦扰不断。他每天看见众生因他所做的事而受苦，看见它们眼中的恐惧以及奋力挣扎，听到它们的尖叫与痛苦哀号。这些画面一直跟着他回家，为了工作，他必须假装那些动物没有感觉，它们并非和他一样是真正的生命。他内心知道这些想法都是自欺欺人的，但仍继续杀生，因那是他的工作。内心的挣扎，造成禅修期间出现混乱的思想与画面。他无法修慈，甚至无法放松，显然此人的工作不可能是正命。

我们轻易便能看出有些职业，例如宰杀动物的职业，本来就会使人心神不宁。但对多数人来说，要评估某份工作是否合乎正命，却要复杂得多。有些工作在某些地方可能会被接受，但在别处则视环境而定，例如老板是否要求员工昧着良心做事。有个三段式问法，能帮助我们判定工作是否合乎正命。

## 评估正命三问

你可以问自己三个相关的问题，来判定这份工作是否合乎正命。

**首先，我的工作先天就是错误的职业吗？**

换言之，它会明显造成伤害吗？它涉及制造、购买、贩卖、推销或使用枪支，或其他武器吗？它涉及麻药或毒品吗？它必须伤害或杀害生命吗？觉者说涉及武器、毒品或杀生的工作，必定都是邪命。

许多工作明显属于这个范畴。例如，研究与开发生物武器，制造或贩卖杀虫剂，设计导弹系统，以及靠剥削工人赚钱，都明显是错误的。我要补充一点，为庸俗小报撰写毁谤公众人物的文章，或在电台脱口秀节目散播仇恨言论，都应被视为觉者所说邪命中的“毒”。

我们还应把觉者的指导延伸到传统运用之外。从事某些会致人伤亡的暴力运动，例如拳击，也是邪命。开设赌场，或在赌场工作，也是邪命，因为赌博可能使人上瘾。它由贪欲所推动，并经常导致犯罪或伤害无辜，更遑论犯罪活动了。无论哪一种都是邪命，包括黑市或其他非法交易、行骗、勒索和脑力犯罪等。危害自身健康的工作，也是邪命。

卖麻药落在贩“毒”的范畴。药贩子恶名昭彰，他们为了保护地盘、强迫交易或回避检举，而无所不用其极。此外，虚弱而无法自拔的购药与用药者，无疑也会受到他们的戕害。用药者为了得到金钱而犯罪；无辜的家庭成员或因家庭暴力，或没钱买食物，或在用药者入狱、受伤时都会感到悲痛。

无论如何，因我们的经济系统变得如此复杂，有时邪命的构成因素也很难判定。例如，为军事服务难道必然是错误的吗？需视情况而定。若这项工作让人操作武器，包括使用计算机或发射导弹，它就可能是邪命。但若只是医护人员或炊事员，也许未必有错。我可不认为炊事班的厨子会这样想：“我想喂饱这些军人，好让他们能去杀人！”

我还想到许多其他的工作情况。制造核弹头，显然可被列入觉者的禁制职业清单内。那开采被用在核武器里的铀矿呢？在枪械类商品销量颇丰的日用百货连锁商店工作，必然是错误的吗？在支付最低工资的汉堡快餐店工作又如何呢？你不难想到许多间接对人造成伤害的工作。一个大学教授可能对于做基础科学研究感到不舒服，因研究结果可能被拿去做军事用途；炼钢工人可能制造生产猎枪的原始材料。

在这些情况中，你应自问："我直接涉入毒品、武器或杀生等交易了吗？我蓄意对别人或对自己造成伤害了吗？"通则是，你参与的活动和最后可能对别人造成的伤害，两者之间的距离愈远，就愈不符合邪命的标准。

**第二，我的工作会导致自己违犯五戒吗？**

一份职业通过初步询问，接着便是思考它是否鼓励你违犯五戒正业中的任何一戒。特殊职场的工作伦理，也可能使原本可被接受的工作变成邪命。例如，在律师事务所，律师们可能被劝说维持最高的道德行为标准；而在另一家，律师们则被施压破坏证据，欺骗陪审团，或超时收取客户费用。在工作中做出这些不道德行为，将令良心不安，阻碍人的心灵进步。我记得一位常来修行协会的律师，每次尝试禅修时都会不停地哭泣。我一直很好奇，他是否为了在法庭上求胜而做了错事，所以才会如此激动。

还有一种情况是，原本可以很棒的工作，只因个人选择堕落的行事方式而成为邪命。例如，某个颁发驾照的负责人，可能很清廉，不收受贿赂；同一办公室负责相同工作的另一个人，却可能公然索贿。那个贪污者没有正命，但诚实者则有。任何一份好的工作都可能使人贪污。我认识一位马来西亚医师，他为工人开取病假证明，每开一天收费五元。这名医师已习以为常，病人一进入他的办公室，他一开口便会问："几天？"

有个关于觉者与他坏心眼堂兄提婆达多大沙门的著名故事，两人从事同一种职业，但只有一人遵守正命：

根据民间传说，提婆达多前世早就与觉者结怨。那时觉者前世的菩萨行使不道德的提婆达多失去了一笔生意。

在那一世中，提婆达多的前世与菩萨（译者按：指觉者的前世）是买卖锅、罐的生意对手。在每个城镇，他们会先分配好，然后再分头沿街挨户叫卖："卖锅子哟！卖罐子哟！"有户人家只有寡妇与其女儿，她们从前很富有，现在却一贫如洗，但有个沾满灰尘的大金钵。妇人不知它的价值，当提婆达多出现在她家门口时，女儿请母亲卖金钵来换小首饰。贪心的提婆达多迅速看出这个钵价值不菲，决定对这个贫妇隐瞒。他宣称钵毫不值钱，随手丢在地上后便离开，想要回头再来捡大便宜。

过了一阵子，菩萨出现在这家门口，妇人有点儿迟疑地问他可否卖金钵来换点小首饰。诚实的菩萨告诉她们这个钵的价值，并说他根本连它的一个小角都买不起。妇人喜出望外，并对菩萨的诚实非常钦服。她们对他说，只要他付可以付得出来的钱即可拿走金钵，因此菩萨把所有的钱与一切锅、罐都交给她们。菩萨拿起金钵，迅速过河，因他猜到提婆达多可能会返回妇人家。

菩萨离开后不久，提婆达多果然返回妇人家。他一靠近，老妇人便冲他大叫，他竟然想欺骗她们，另一个小贩对她们很诚实，已给出很好的价钱。了解自己错失良机后，提婆达多发疯似地狂吼，撕破衣服，抛下一切货物，赶紧去追菩萨，大叫菩萨偷了他的金钵。当他抵达河边时，看见菩萨由船夫运送，已到河中央。他叫他停下来，但菩萨安静地指示船夫别理会他，继续前行。看着菩萨渐渐消失的背影，提婆达多内心充满嗔恨与悲伤，他的热血从口中涌出，心碎倒地而亡。

提婆达多就这样被自己不诚实的做法给毁了，菩萨则因诚实交易金钵而变得富有。他一生都投入慈善事业与行善，当死时，他的诚实令他转生善趣，直到最后终于成佛。提婆达多的行为也令他转生相应诸趣，他持续成为觉者的对手，在觉者的最后一世觉悟之后，他甚至试图暗杀觉者。据说后来大地裂开，他直接生身堕入地狱。(J 3)

**最后一问，我的工作有干扰我并且使心一直静不下来的因素吗？**

若某个职业通过前两阶段的询问，接着你需要考虑其他可能阻碍心灵进步的因素。由于没有任何工作情况是完美的，每个人必须自行厘清难解问题的构成因素，如不诚实的工作伙伴，无礼的客户，可能伤害肺部的化学溶剂，危害环境的产品，或与剥削工人的公司间接合作。

依我之见，判定工作是否符合正命的最好方式是，评估它对心的影响。想象有一个公司将毒物倒入河流，严重危害鱼类与其他野生动物的生命，后来员工们得知倾倒的情形，其中两人有志于修习正命，他们一定得辞职离开公司吗？

一位员工对发生的事充满憎恶，心中一再浮现电视新闻报道此事的画面，他思考决策者的恶行，并假想自己是控诉者而与之争执。另一位员工则对于所有受影响者，包括决策负责者，心怀悲悯。他一直希望公司主管能了解这个行为是错误的，并采取预防未来再发生同样事情的措施，这些想法并未扰乱他的心。有人可能认为两名员工都必须辞职，因他们都为不道德的公司工作，有人则认为只有充满不善念的员工必须辞职，因他心中已受到工作情况的负面影响。

我们必须以自己的常识与对佛法的了解，去判断如何做才对。道德原则确实有重要意义，我们总不希望站在不道德行为那一边，我们知道漠视道德恶行也是不道德的。若对自己说："我怎么做都没有差别，更何况所发生的事不会真的影响到我个人。"那我们便是自绝于世界之外。觉者对于慈悲的教导告诉我们，不应只关心自己与近亲，还应关心远亲、邻居、社会上的每个人！人人都只是一个小细胞，但加入数十亿的其他细胞后，我们就是完整的世间之身，因此有责任维护正确的事。但很重要的一点是，当如此做时，必须小心别冒犯别人或心怀怨恨地谴责他们。任何计划的行动，即使是试图纠正严重错误的行动，都必须是以对别人与一切众生慈爱友善的感觉去推动。抱持这种心念，且充满大悲，然后再行动。

回到我们的问题，倾倒毒物公司的这两名员工是否该辞职，我们无法遽下结论。辞职可能是对的，也可能是错误的，需视心态而定。只有一件事是确定的：保护与增长自己的善心总是对的，漠视伤害就不是善的，变沮丧、暴怒或憎恨也不是善的。即使决定为了达到正命必须离职，但在盛怒之下离开，对解脱道并无帮助。心必须保持安定、慈爱与正念，我们必须记住，最高目标是解脱一切贪、嗔、痴。我们能对世间产生的最大影响是，以清明与慈悲之心面对一切情况。从安定出发，不论是行动还是拒绝行动，尽量善巧地培养、表现我们的慈心与悲心。

因此，倾倒毒物公司的员工最好的做法是设法让自己安心。然后，以清明安稳之心，去思考个人与社会的因素，他们必须思考，继续留在公司是否为最慈悲的做法。他们也许得思考事件的严重性，它是偶发还是常态，个人涉入事件的程度有多深，以及是否可心安理得地继续工作。一个离管理工作很远的敏感员工，可能会比实际负责的高层主管更沮丧。若公司的不道德行为影响员工，造成他不安与无法专注，则当然必须要采取行动。

辞职是一种做法，但还有其他做法。例如，可在公司内采取行动阻止恶行，或向主管机关报告公司的行为，或协助受害者，或撰写公司如何预防这类错误发生的文章，或转到更有道德的事业部门。若员工真的选择辞职，则他或她应慢慢来，也许可从审慎选择新工作开始。在每个阶段，都应问："我采取何种行为，才能平等、慈爱、悲悯与关怀地对待一切众生？哪种行为能支持我的善心？"

除了公司的道德表现外，令自己心烦的人或事也会危及正命。也许情况原本很完美，却可能因新员工对你性骚扰而变坏。也许你转调部门，那里的上司经常发脾气，或工作伙伴习惯在午餐时喝酒或"闭门狂欢"，工作之后在办公室吸毒。

假使你能在这些困难处境中维持自身心态健全，则必须自行判断工作伙伴的行为，是否会影响你的心及妨碍你的心灵成长。对正命的评估存在个体差异，同一个让人陷入不善念的情况，也许可提供另一个人修行忍辱与慈悲的机会。

## 寻找正命

若你们看出自己的工作不符合正命，有些人可能会感到很沮丧。你可能质疑："我现在该怎么做？"你有许多选择，包括不离开现有职务或专业，设法改善情况。如我前面所说，你可以先尝试鼓励你的公司亡羊补牢。

若你不舒服的感觉是由职场上别人的行为所造成的，别忘了觉者的慈心法门。最冷酷无情的心也敌不过慈心，经上说没有任何事物能伤害流露慈心的人，甚至连子弹与火也是如此，遑论办公室的骚扰了！若你以修习慈心展开每个工作，谁知道可能改变多少事情？即使是习惯犯错者，若某人于某处每天对他们传送强大与纯净的慈心，他们也可能改正行为。在你放弃一个困难的工作之前，试试这个做法是很值得的。即使工作伙伴不改变，自己的心一定会调柔，也许你会开始对别人所做的事感到友善与慈悲，而那些事以前会令你非常沮丧。

有些职业或情况无可挽回，我们可能得离开，有时为了遵循觉悟之道，必须有所牺牲。觉者曾说，我们不应以错误的方式求取富贵：

> 不求子、才与王位，不以邪道求福禄。
> 舍此皆非得利故，如是方行德、慧、义。(Dh 84)

对那些有专长或人脉者而言，离职或换工作的决定并不困难，因牵涉到的牺牲不大。但对较少选择者而言，放弃稳定薪水的工作，就会感到很害怕，有小孩必须抚养的话更是如此。然而，若事关个人的心灵健全，我们就必须采取行动，我并不是说什么戏剧性的冲动行动。首先，尽可能做好妥善的计划，然后当你都准备好了时，剩下的便是坚守信念。经上说："护法者，恒为法护。"（Thag 303）意即当你相信心中所知为真时，事情便会向最高快乐发展。我在生活中对此屡试不爽，以下是我自己坚守信念、趋入正命的故事。

在成立修行协会之前，我在美国华盛顿特区负责一个小而著名的寺院，长达约 20 年之久。我在团体中无后顾之忧，有稳固的地位与强大的董事会，周围都是家人与朋友，但心里仍有建立一个可供住宿的禅修中心的梦想，人们可来此学习佛法与禅修。觉者反复地说，学习佛法与禅修是人生最重要的事，但我看见许多人并没有一个可前往停留一段时间以学习禅法的地方。我的动机良善，且信心坚定。

我的家人与朋友们说："你的地位崇高，在美国的第一个上座部寺院，且位置就在首府，你不应轻易放弃这一切。"就某种程度而言，他们当然没错，离开华盛顿去找一个乡下的闭关中心，是从一个很舒适的位置跳入未知的领域。

我和我的朋友马修·弗力克斯坦（Matthew Flickstein）所找到的盖中心的地方，位于西弗吉尼亚偏远林区的深处。这个人迹罕至的森林，如此祥和宁静，似乎是个传法与禅修的理想环境。这块土地很美，远离华盛顿的喧嚣繁忙，但是在非常保守的基督徒区，离我们的支持者很远。我对这个地方完全陌生，在一个人也不认识的情况下开始工作，新协会并无会员，我们不知如何生存下去。家人与朋友们担心我如何糊口，有些人还担心我的安全，但我认为自己心存善意，无论当地人如何保守，由于我不会伤害他们，且不反对他们的宗教，因此他们也不会伤害我。买下那块地之后不久，我们在路边竖立了一块招牌，雄心勃勃地写上"Dhamma Village"（法村）。有一次我回去为一个朋友介绍此地，有人把 Dhamma 字遮去一半，成了"Dam Village"。等我再回来时，招牌已不见了。

虽然有这些不好的预兆与障碍，但我还是进一步投入计划。几乎所有认识的人都劝我别这么做，我想支持我的人不到五个。紧急时无人赶得及前来帮忙，亲戚与朋友们都在华盛顿，距离 160 公里之外。

我无法告诉你开创时到底有多么困难，即使帮助我成立中心的朋友，在一段低潮时期似乎也有疑惑。支持我的是我对于佛法的净信，我的梦想是透过教学与写作弘法，不对人收任何费用。即使当我还是小孩与沙弥时，若有人送我礼物以交换佛法教学，我也会拒绝收取。当我长大时，我得知觉者禁止贩卖佛法，他说："别成为法的商人。"（Ud VI. 2）慢慢地，时光流转，因缘聚合，我们终于在森林中辟出一个禅修中心来。惊人的事情发生了——就在我们最需要的时候，援助不请自来，且有意想不到的关系来帮忙突破困境。我们就这样在摸索中进步与成长。

我的经验告诉我，当我们遵循渴望安稳与快乐之心，且为了正道与真谛而做出牺牲时，正命的回报一定会来到。

然而我也知道，经济情况可能让人很难有选择的余地，尤其对那些教育或技能有限者，或高度专业化者而言。若这个领域只有一个工作来源怎么办？若你有许多孩子、生病的父母或慢性病的孩子要抚养，而唯一能找得到的工作是附近的酒品商店怎么办？若你住在必须打猎或捕鱼才能维生的地区呢？对于经济情况极糟或被迫从事非法活动的人，例如种植大麻者而言，正命是什么？若处于这些情况下，你可以这样安抚自己：你并无伤害的意图，因此无须为并非由个人亲自或直接造成的有害后果负责。佛世时有个故事可说明这点。

一位富商的女儿闻法后已达到初果。有一天，一位英俊的猎人来到城里贩卖鹿肉，年轻女子爱上了他。她在未告别家人的情况下跟随猎人回家，并与他结为夫妻。身为猎人的妻子，她必须清理与准备他打猎要用的箭、网与其他工具。她顺从地做这些工作。这对夫妻有七个小孩，且都已结婚。

有一天觉者以其佛眼观照世间，他看见这一家人都可能觉悟，遂去拜访他们。觉者先去猎人设下的一个空陷阱，他在陷阱旁留下脚印，然后便在灌木丛中等待。当猎人前来看见陷阱空无一物，旁边却留有脚印时，便认为有人偷了他的猎物。他瞥见觉者在灌木丛中，于是拉开弓箭瞄准他，之后便以此姿势动弹不得。七名小孩来看他们的父亲，发现他拉着弓不动地站在那里，于是也将弓箭瞄准觉者，但也都变得无法动弹。

最后，妻子来看他的家人，她发现他们都将箭瞄准觉者。她高举双手，大喊："别杀我的父亲！"当她的家人听到这句话时，心想这个人一定是她的父亲，他们以前从未谋面。丈夫心想："此人就是我的岳父！"子女们心想："此人就是我们的外祖父！"他们心中充满对这人的敬爱，因此放下武器并行礼。于是觉者为他们开示佛法，听完后他们都达到初果。

之后，当他返回寺院时，僧众们好奇地询问觉者："为何如此？"他们质疑："这个女人怎么可能在觉悟之后，还帮忙准备杀害动物的箭与网呢？"觉者解释，她并未参与杀害动物。此外，她并不希望动物受到伤害，只是尽一个猎人妻子的义务而已。(DhA 124)

然后觉者进一步解释：

> 无伤之手掌，能安全持毒；
>
> 如毒不入掌，邪恶亦不能侵入清白心。（Dh 124）

如只要手掌无伤口，就能以手持毒而不愁毒侵入一样，同样地，只要你没有伤害的动机，有害的行为便不能伤害你。虽然猎人妻子准备杀害动物的工具，但如此做只是顺从丈夫，因就当时的文化而言，对于这种事她并无太多的选择。她并无伤害意图，这使得其心免于受到恶报，由于她并不希望动物受到任何伤害，因此行为是清白的。

若觉得自己的生计是有害的，但确知并无其他事可维持你与家人的生活，你可逐步尝试去找一个较好的职业。与此同时，传送慈心给每个受你工作影响的人，且持续专注于良善的动机，来安定你的心。

若以正命为目标，我们可在修行成熟时逐渐趋向它。最后，你的工作应积极促进每个相关人士的心灵福祉，因你的行为会影响别人。我认识一对开创家庭事业的夫妻，他们做可爱的木头玩具，针对小孩做特别安全的设计。最后，他们把事业扩展到贫民区，为许多人提供生计。他们不要求工作者到工厂做事，而是提供材料与训练，允许工作者在家组装玩具，然后再按成品件数计酬。这个办法允许员工们把生活重心集中在家庭上，根据个人需要工作或休息。

有时人们问我：“我如何找到一个善巧的生计形式呢？”

由于我基本上从 12 岁起便有专职，因此并非告诉别人如何转换跑道或找新工作的最佳人选。然而，我能说的是：“寻找正命的方式和开启任何一项新的伟大事业的方式相同，别对它大惊小怪，只要接着做对的事即可。”

## 正命修习

将工作视作修行的一个方面，并不容易，许多人截然区分修行生活与工作。然而，当坐下来禅修反省过去的行为时，必须承认我们在工作中所做的事是自己的行为，即使它们是老板唆使或职责所在的部分。说谎还是说谎，即使是别人付钱请我们做的。我们必须对所说与所做的一切，承担现在与未来的结果。因此，对于工作的相关行为，我们应抱持和其他行为相同的道德标准。一如正语与正业，正命需要持续净化行为，无论是在家里还是在工作中。

当在符合正命的工作中做事时，每个工作日都应对出现的道德议题保持敏感。我们必须非常清楚五戒，并小心绝不违犯。即便没有直接涉及五戒，我们依然需要注意自己的行为，反省是否可以承受由其造成的后果。

当正念禅的修行加深时，我们也许可更加平静与安忍，以致先前无法接受的情况都能包容，对我们来说，只要是正当的工作都是完美的。我们最应关注的是，工作不会妨碍心灵成长。只要我们不会因破戒而伤害自己，或卷入其他令人烦恼的道德情况中，我们的心就能变得平静与安稳。以平静与安稳之心，我们可以成长，一旦清除障碍，其他的事自会水到渠成。

这个情况可比喻为我们维持生命的方式，饥饿时吃饭，口渴时喝水，寒冷时穿衣，我们做很多事以避开疾病，避开有害、危险的活动与情况。但我们不会四处嚷嚷：“我要活下去！我要活下去！”只要照顾好基本需求，身体自有其生存之道。同样地，在正命中，我们唯一的责任是避免自己与别人受到伤害，好让自己能保持平静与安稳。只要心是平静与安稳的，我们就可在觉者的安乐之道上禅修与前进。

若我们希望更快速地前进，便可寻找有益于修行或鼓舞我们更快速前进的职业。这类工作为我们提供挑战我们弱点的机会，使我们可加强它们，但又不致被压垮，且避免出现目前还不足以应对的问题。例如，想要修习微妙高深禅定的人，最好能从事不过度刺激心的容易且例行性的工作。而刻意修习安忍的人，则可选择和不好相处的人一起从事挑战性的工作，他将因此而获益良多。

禅修期间，花点时间使用三段式问法，去评估你现在的工作构成正命的程度，从而确定它还有哪些需要改善的地方。问自己，今天可做些什么，才能让工作情况更积极地利益自己与他人。

## 正命修习要点

下面是关于正命修习的几个记忆要点：

- 我们的谋生之道不应妨碍心灵成长。
- 我们可使用三段式问法，去评估一份工作是否符合正命。
- 首先，我们检视工作是否先天便对他人或自己有害。
- 其次，我们考虑工作是否会造成自己违犯五戒中的任何一戒。
- 最后，我们自问和工作有关的其他因素，是否使心难以安定。
- 慈心可改善困难的工作情况。
- 若你并无伤害的意图，则心不会被工作的负面影响所伤害。
- 正命是我们在修行成熟时逐渐趋入的目标。

# 第六章

# 正精进

每一刹那我们都选择善或不善。我们并非无助而消极地受制于命运：我们不是只能服从命令的卒子，我们的遭遇亦非命中注定。我们在这一刹那选择，然后在下一刹那经历选择的结果，伴随过去选择所带来的持续影响。这一刹那一个善的选择，为下一刹那的快乐创造一个好的心理环境。若前一刹那相对纯净与清白，那么当前这一刹那也一样。由数不清的相对纯净的刹那，我们就经历一秒的快乐，一秒秒累积成较长的快乐时刻。生命便是由这些微细的小选择所造成，无数的选择就发生在分秒之间。

但这些微细的心念并非展开修行之处，你必须从能看得清楚的地方，由外在的行为开始。首先，遵守五戒，并停止戕害心灵成长的行为。一旦心不再受恶业果报所影响，它就更容易看清楚内在正在发生的事，接着才可放慢速度至能看见念流的程度。然后，能力提升到能看见心如何移动，看见每个刹那心生、住与灭。刚开始时，只要在念的洪流出现时能觉知它们即可。

以那觉知，我们使用正精进去做新选择。觉者劝导大众选择善念而非不善念，且时时培养善念，直到不善念不再返

回为止。觉者说要完成它，可通过持续激励自己："精进、奋起，并用心。"（D 22）

在八正道的第六步正精进中，觉者将此过程拆解为四个部分。第一，以强烈的决心与努力，尽力防止痛苦不善的心念生起，包括憎恨、嫉妒或贪欲等。然而，虽然我们已做了最大的努力，但由于尚未觉悟，有些负面的心念仍会溜进来。第二，激励自己断除一切已生起的不善念。第三，以诸如慈爱、放舍或悲悯等善念，取代那些不善念。最后，进一步努力增长这些令人愉悦的善念。我们愈努力，心就会愈清明与离苦，且自然会感到更快乐。

不论要完成什么事都需要精进。这真实显现在日常活动中，例如粉刷房屋或推销业务，在心灵努力中更是如此。正精进交织融入八正道的每一个步骤，当以四种精进去研究佛法，让心健全、清明与能领悟时，我们可达到圣道中的正见。然后将四种精进运用在身、口、意行上，成就正业、正语与正思维。当行使四种精进，将道德原则运用在生计上时，我们会达到正命。把精进运用到禅修，可导致正念与正定。我们可恰当地下此结论：正精进是完成八正道各步必需的动能。事实上，勇猛精进地训练自己，是成功的重要条件。若无奋起精进去达到善念，趋入安乐目标的脚步便走不远。

我们或许以为在觉悟之道上前进，最重要的是保持注意。这听起来当然比勇猛精进要容易得多。但事实是，简单而普通的注意并不够，必须学习保持正念的注意，不管是从事禅修与其他修行，还是进行日常生活的活动。觉者知道，除非在生活的每个方面中都提起正念，以这种精进断除不善念，并增长善念，否则我们的心永远无法有足够的安定，让自己得以进步。

现在，你也许心想："我就知道有圈套！这听起来似乎颇困难。"没错，你是对的。把负面特质深埋在潜意识里，当然比断舍它们更容易。贪欲、嗔恚、憎恶、邋遢、傲慢、势利、恶毒、怀恨与恐惧等，都可能成为我们熟悉的日常习惯。我们希望最好别大费周章地努力断除它们，但与此同时，却又希望获取快乐并实现心灵目标。

正精进是让整个八正道成为可能的坚韧特质，它是魄力——"这些不善的思想与行为的习气，现在就必须消失！"它也是智慧——了解唯有增长正与善的身、口、意行，才有希望达到安乐。

## 十　结

为了断舍不善的习气，我们需要认出它们。浅显地说，我们希望断除的东西，是阻碍自己感受快乐的一切心念。若想要去除花园的杂草，必须要能分辨杂草与花卉，在此的情况也是如此。起初，发现内心花园充满杂草，我们辨认与移除诸如贪与嗔等不善法，代之以诸如慈与悲等有益的善法。

若停下来想一想，可能会发现自己心中的杂草名单。你会明白，当正感到暴怒、嫉妒，欲贪过多或复仇心重时，你无法同时感到快乐。无论它们外观如何，在这些不善法底下，它们的根本都是相同的——贪、嗔与痴。

你可将随愚痴而来的贪爱，视为一切内心杂草的根本。贪爱展现为十个深沉有力的精神束缚——十结，它们是扭曲的知见，就如河道影响水流般影响思想，这些结令思想直接流入痛苦。此生悲惨的童年或其他不好的经历，不会造成这些结，这些结是过去多生多世累积而成的，是每一世与该世痛苦的因。结的出现阻碍觉悟，也造成此生与来生的痛苦。

我们通常以代表觉悟不同阶段的果位，来区分这十结：

一、到达初果断除的结：

- 有身见（相信有恒常的自我或灵魂存在）
- 对于佛法的疑
- 戒禁取见

二、到达第二与第三果断除的结：

- 粗贪（欲贪）
- 嗔恚

三、到达第四果断除的结：

- 色界微细贪
- 无色界微细贪
- 慢，或自我身份的潜在认知
- 掉悔

- 无明

凡夫心中始终存在十结——至少是以潜在的方式存在。有时其中之一会冲到心的最前方，使此人严重误解实相并受苦。每个刹那心至少都含有微细的贪结与无明结，但其他结有时也会加入它们。

当智慧一点一滴增长时，我们削弱这些结，最后在证果时断除它们。每次突破之后，就达到更高一层的觉悟阶段。当断除前三结时，达到初果。当削弱次两结时，达到第二果，残余的少量贪与嗔，比起已断除者要微细许多。当断除残余的贪与嗔时，达到第三果。最后五结非常微细，彻底断除它们，便能达到最后的第四果。

1. 有身见

第一结——相信有恒存的自我或灵魂，使人误以为五蕴存在和自我或灵魂有某种关系。这个结可能展现为色、受、想、行、识，都是一体且等同灵魂的邪见，认为它们是“完全相同”的。除此之外，这个结可能造成一种信念——相信这五蕴拥有灵魂（或那个灵魂拥有这五蕴），我们可能认为，灵魂造成五蕴的聚合（或五蕴造成灵魂）。最后，它可能展现为一种信仰，即灵魂或自我是一回事，而色、受、想、行、识则是截然不同的另一回事，和灵魂无关。

这个结最常呈现的方式是，认为我们在前世中拥有一个灵魂，递延到此世，现在拥有我们的五蕴，而它将在死后离开身体，进入另一个存在。本质上，这种信仰建立在灵魂是恒常与永远不变的观念上。

2. 疑

第二结——疑，是专指对修习戒、定、慧是否能导致安乐的觉者之道的怀疑。在你偏离当下的如实觉知，以及不智地思考易引发不确定感的事物时，就会愈发积极怀疑。某些“不可知”以其刺激与强化疑结之力而闻名，诸如宇宙如何，以及何时存在之类的疑问。

引发疑惑的问题常牵涉到过去与未来：“我出生之前存在吗？我曾拥有怎样的过去世，它们像什么？死后有生命吗？我将拥有何种来世？”

现在也可能令我们充满疑惑：“我存在吗？我不存在吗？我好吗？我是谁？我如何达到现在的状态？”

另一组不时来自内心的相关思虑，也激起我们的疑结：“我有没有一个自我？我是通过自我或非自我之事物来感知自我，还是通过自我感知非自我呢？我的自我在思考与感觉，以及不时感受善行与恶行的果报，这不是理所当然的吗？难道自我不是恒常、稳定与不变的吗？”（M 2）

这些问题与思虑，把我们带入怀疑、困惑的死胡同与密林中。浸淫此中，让我们无法对真正重要的事保持正念。这些问题永远无法得到满意的解答，且只会困扰我们。但除非我们达到初果，否则它们会一直盘旋在心中。觉者建议人们，只要看着这些问题生起与消逝即可，别追逐或担心它们。此刻，努力试着去了解与思考个人经验觉知之事，而非凭空推理。

要相信觉者的安乐之道，许多人都已由此达到觉悟。以佛教的术语来说，相信觉者即相信自己——相信你已经亲自看到的，以及相信你根据亲自看到的做出的推断。例如，你亲身体验过，每当充满负面心念时，就会感到痛苦。你可以想起，每次充满正面心念时，则感到快乐。当这些心念改变时，你看见它们的无常。这些都是你能相信的事实。这种信心让你坚持走在正道之上，终而证悟实相，不再存有任何疑惑。

### 3. 戒禁取见

第三结是内心本能地往外寻求一些辅助资源，而非从内净化，它表现为执着于戒律和仪式的效用，以为借此便可觉悟。你可能认为究竟安乐可通过举行仪式、祭祀、赞颂、供养觉者或神祇、唱诵、祈祷、念咒，而非禅修或在日常生活中运用佛法来达成。这个执着浪费你的时间，并限制你洞见实相的能力。因此，会阻碍你在觉悟之道上进步。

### 4. 粗贪（欲贪）

贪结是贪求任何一种欲乐，包括贪求任何一种令人愉悦的色、声、香、味、触，甚至肉体本身。它也包括贪求一切思想、观念、信念与见解。

## 5. 嗔恚

嗔结是厌恶任何令人不愉快的事物，任何你不喜欢的事物。

## 6. 色界微细贪／7. 无色界微细贪

对于色界与无色界的微细贪爱、慢、掉举与无明结，是贪最微妙的形式，这五结构成究竟觉悟的最后障碍。对色法与无色法的微细贪爱，是指求生的总意志，它以某些形式存在，任何一种形式皆可。

对于存在于此肉体“之中”的渴爱，在断除粗层的欲贪时会消失。然而，仍有以某种更微细的“妙色”形式存在的渴爱，例如渴望以某种天界的身体存在（译者按：此即色贪），经上说这是某些更高神祇的形式。若非以天界的身体，人们甚至渴望以完全无身体的形式存在（译者按：此即无色贪），经上说这是已达到最高层次禅定者的未来存在形式，他们已成为最高层次的天神。

## 8. 慢

“慢”是指身份认同的经验特质，它是相续不断的“我”的意识，许多误解与疑惑由此源源不断地流出。多数时间，心总想着“我……我……我……”，从来都不了解“我”的意识不过是心理过程另一个无常与无我的经验。例如，心可能会说：“我听到一个声音。”但以智慧观察得到的实相是，了知那里只有声音。

9. 掉悔

掉悔结非常微细，不像同名的“掉悔盖”。“悔”是一种由预期未来会有冲击——甚至是心中最微细不善业习的冲击——而引发的苦恼。它会造成掉举，此时心无法安住在任何事物上。掉悔使心如风中的旗帜般不停地摆动，因此无法止息并了解自己无常的实相，就如心一再地被害怕它不存在的恐惧所惊吓一般。熟练的禅修者有时会因掉举一再地出现，而感到挫折。除非彻底觉悟，否则这个结不会完全消失。

10. 无明

无明结是指持续对痛苦的本质、原因、可能熄灭与灭苦之道的蒙昧无知。换言之，即对四圣谛的无知。

十结有极强大的力量，当我们觉知它们生起时，它们就像热锅上的水般炽热，需要非常努力才能冷却下来。它们为何被称为“结”？因为它们就像坚固的铁链般，把我们束缚在此世与未来无尽生死轮回的痛苦中。

这些链条的作用既微细又隐伏，但在正念觉知下，可看出它们如何发生。让我们来检视第四结——粗贪，我们知道自己有六根——眼、耳、鼻、舌、身、意，可注意这六根与外境的接触。因根、境之间的经常互动，乐受可能生起，此时心中可能生起对欲乐的贪爱。在正念觉知下，我们可察觉欲贪的生起。若因某种原因，欲贪并未生起，我们也能察觉无欲贪。

欲贪使我们想要这样东西或那样东西，喜欢这个时候或那个时候，喜欢这个人或那个人，或色、声、香、味、触、法等境。因这些喜欢或不喜欢，我们的心总是在执着或排斥。最重要的是，我们喜欢生命且执着于它，或排斥它。因此这个对于欲乐的粗贪，加固了把我们束缚在轮回中的锁链。

在接触的瞬间，任何结都可能生起。让我们检视永恒自我的信念，在根、境接触时，可能生起乐受、苦受或不苦不乐受。在那一瞬间，永恒自我的概念生起："是'我'让'我'能感觉，而这个让'我'能感觉的'我'，是以坚实、不变与永恒的方式存在的。"这个相信有个恒常自我的结，限制我们追求乐境，排斥苦境。这个"我"并不快乐，它无法一直遇到想要的乐境，因周遭的外境并非都是令人愉悦的。

然而，若能真正看见生起的感受是无常的——觉知它的出现与消失，就不会执着于它，我们会继续向前行。若可认出任何事物都会消逝的本质，并在它消失时放下它，心就会解除一直寻求乐境的压力。若我们可对一切出现的事物保持正念，觉知它一定会消逝，"有身见"的结就会消失。

让我们看看另一个结——戒禁取见。也许你每天早晨有点蜡烛并祈求解脱痛苦的仪式，当早上起床时，你心想："啊！我一定要举行我的仪式。"你不尝试通过增长智慧、禅定与善法来减轻烦恼，却执着早晨举行仪式会带来快乐的信念。几年之后，即使从不曾错过一日仪式，你在觉悟之道上也丝毫不会有进展。

若集中注意力观心，当六根接触六境时，你会看见结的生起。除非你达到觉悟，否则每次根、境接触时，结都会生起。正念可帮助你分辨根、境与结的生起。当结出现时，你应保持正念，努力克服它们。当它们消失时，你应注意那个状态；当它们未出现时，你也应觉知那个状态。

## 五盖

由十结衍生出某些粗野与不善的心理状态，阻止你在禅修中取得任何进展，以及在生活中善巧地行事，这些心理状态被称为“盖”。如果说结像风，那么盖就像飓风。盖为初学禅者带来浩劫。

五盖是贪欲、嗔恚、昏眠、掉悔与疑，它们视情况由结生起，如火焰从炽热的煤块窜起。但就如火焰，若正确地运用正精进，即可将它们扑灭。

五盖可被禅定或稳定的正念制止，正念或禅定令它们冷却下来，并在生起时克服它们。心若无五盖，会自动变得光明、辉耀与清晰，这种心最适合修习善法，适合禅定，以及适合洞见诸行无常。每个人都可能去除五盖，至少暂时可以，只要潜伏的十结继续存在，五盖就可能一再地回来造访心。但若善用四种正精进，你就可能减少它们造访的次数并缩短它们造访的时间。当你善用正精进时，就能减轻或解决五盖对你禅修或日常生活的困扰。

## 1. 贪欲

贪欲盖是渴望获得东西。禅修时，此盖以想拥有食物或物品的贪念，或以性欲的形式出现。这些念头会浪费许多禅修时间，浸淫于此会演变成难以破除的习惯。

这个贪欲陷阱和猴子被计诱捕获并无不同。设陷阱者在椰子顶端削出一个小洞把椰浆倒光，切下一些椰肉留在壳底，然后把壳紧紧绑在树上。猴子把手伸入小洞抓取松散的椰肉，试着把椰肉掏出来。当设陷阱者回来时，贪心的猴子紧握着椰肉不放，因此无法抽回手。当它在挣扎时，设陷阱者轻易地将它抓住。猴子的行为确实可悲，殊不知，其实我们都被贪欲所捕获。

## 2. 嗔恚

嗔恚盖包括憎恨、愤怒与厌恶，来自我们避开不喜欢的事物的渴望。嗔恚被比喻为沸水，当水正沸腾时，很难接触它而不被烫伤，也看不到锅底。换言之，嗔恚对你的烧灼更甚于对别人的伤害。当你怒火中烧时，永远无法发现真正的原因，或对敌意“追根究底”。嗔恚也扭曲我们的感知，并使喜悦变质，就如疾病使得美食索然无味一样，让我们无法好好享用它。同样地，当心充满嗔恨时，我们无法欣赏旁人美好的特质。

3. 昏眠

禅修期间，人们常常要对抗贪欲，然后对抗嗔恚。一旦它们都被摆平，会有片刻的安宁，但接着心就会昏昏欲睡！昏沉与睡眠都来自无明结。昏沉是心的迟缓，而睡眠是身体倦怠。当感到懒散或想睡时，不可能专注或完成任何工作，也不可能修习正念或禅定。昏眠的障碍可被比喻为坐牢，当你被监禁时，不知牢房外正在发生什么事。同样地，当允许心陷入昏沉或身体陷入睡眠时，你不知周遭或心里正在发生什么事。

4. 掉悔

后悔（忧恼已做之事）造成掉举，因此两者并行。它们都无法使思维、觉知清楚。这个障碍被比喻为奴役，奴隶为了取悦严厉的主人，而非常辛苦地工作，总是处于害怕被惩罚的不安与紧张之中。奴隶愈紧张与掉举，就变得愈容易后悔，永远无法享有安稳之心。

5. 疑

疑盖是困惑，不知正确方向或该转向何方，它能激起思想的火花，而不能观察当下正在发生的事。疑就像前往沙漠，却无地图或指南针。当你穿越沙漠时，很容易感到迷惑，因很难辨识地标。别人所给的方向可能正确，也可能错误。因此，对于觉者的教法起疑时，你会感到困惑，很难决定该如何做。

你坐在那里想："人们真的觉悟了吗？这个修行真的有帮助吗？我如此做对吗？别人似乎做得比较好。也许我应改变做法，或尝试换个老师，或以全新的方式去探究某事。"这些怀疑消耗你的能量，制造困惑，并使你无法看清任何事。

## 四正勤

现在我们可以来讨论，如何处理五盖与十结的心理杂草，并培养更好的心理状态。觉者教导了四个修心的步骤。你可以把正精进运用在：

- 防止未生的恶法
- 断除已生的恶法
- 修习未生的善法
- 维持已生的善法

### 1. 防止未生的恶法

你的第一道防线——防止未生的恶法于未然，如何做？通过维持无间的正念。如此而已。

正念需要修行，而修行需要精进。修行正念有五点——戒、念、慧、安忍与精进，精进被运用在其他每一点上。你从善戒开始，那需要精进，如在先前道支的讨论中所见。以戒为安稳的基础，你将精进运用在一切已能记得练习的念之上。念的一个面向是“记得”，而这应随时保持活跃，一次次记得反复将心运用在当下，你成功警觉的时刻将愈聚愈多。我曾听过一句话：“永远不应浪费片刻之念。”

然后你运用内观，将渐增的智慧引入精进。你停下来想：“此事上次结果如何？”感觉犯错的冲击，将让你发愤在未来避开它们。当你对于实相的智慧加深时，便反复提醒自己新的优先选项，且不愿一刻失去念与慧而空过。若失败，你便运用安忍——承受苦报，然后耐心地再次努力保持正念。

发展稳定的正念可能是个漫长的过程，因此觉者给了弟子们一些关于如何护心的告诫，他建议必须施行“正知”，并避免“不正知”。（M 2）他解释道，你应忠于当下经由五根觉知为真实之事，那是你的领域（行境）——你真正的家。“想”会令你偏离安全之地，例如，禅修时听到一个声音，只要觉知“声音”即可，别猜测谁发出那声音，以及它是什么意思。工作当中察觉寒冷的苦受时，只要观察这个感受，别对大楼的空调系统产生意见。如同在公共汽车站等车，观察你的思想都只是通过的现象，就如通过的汽车，别随便搭上它们。

觉者劝他的僧众忍受现实生活的微小不适，别自动尝试修复它们。若你一直选择改变事物以获得舒适，心将变得挑剔，不善法将更快生起。例如你察觉禅房太温暖，别起身调整恒温器或打开窗户，只要注意温暖的感觉即可。注意身体不适的改变，以及内心对它反应的改变，学习忍受小事。当然，有些人会把这个建议过度引申，若发生紧急状况，你应警觉地处理它们。

觉者也鼓励避开愚蠢与漫不经心的人，因我们很容易有样学样。亲近值得学习的有德之士，寻找行为正直、警觉、自制与稳健的善知识，必要时亲近此人，并寻求他的建议。

觉者进一步建议弟子们，别注意任何外在刺激的“相与形”，它们可能引发不善心所。“相”即痕，吸引你眼睛的事物，让你想更仔细地观察某事，进而衍生不善法。“形”即你注意对象的某些特质，会进一步激起不善法。例如，已婚男人可能会被劝告，当遇到可能令他着迷的女性时，别去注意或流连于她的娇媚举止或迷人外表。同样地，已婚女人也可能会被规劝，当遇到俊男时，别去注意他是否戴着婚戒，或允许自己驻足痴望他的笑容。佛世时有个故事可说明此点：

> 有位比丘的独身戒受到反复出现的性幻想威胁，于是他修习骨想，以除去这些恼人的念头。有一天，他在森林步道上行禅，一位美女也走在同一条路上，她刚与丈夫吵过架，正要前往娘家。当她看见比丘并与他擦身而过时，她对他微笑。
>
> 过了一会儿，女人的丈夫沿着这条路来找妻子。当他看见比丘时，他问道：“行者，请问你看见一位美丽的少妇走过吗?”
>
> “我不知道那是个男的还是个女的，”比丘回答，“我只看见一具骷髅走过。”〔Vsm 1（55）〕

这位比丘于禅修中运用正精进以防止欲念生起，保护心远离不善法。

若能维持正念不断，就没有任何事能搅乱你。你不会生气或激动，无论任何人说什么或做什么都能忍耐。不善念或恶念无法与正念同时生起。

你可能会发现，只要未遇到讨厌的人或事，防止恶念很容易。当每件事都顺利地进行时，很容易保持正念完整，甚至庆幸自己能维持安忍，并接受家人、朋友与同事对你自制与宽容的赞许。但当事情开始出错时，你的耐心与正念就会溃散。觉者讲过一个故事，说明这种情况可能多么容易发生。

曾有一位贵妇，有个负责且能干的女仆。女仆在这家人醒来之前很早便起床，她整天干活到很晚才休息，每晚只睡几个小时。

她经常听到邻居们高度赞许她的女主人，他们说："这个贵妇对女仆很仁慈，很有耐心，从未看过她发脾气，我们好奇她如何成为这么好的一个人。"

女仆心想："这些人给我的女主人很高的评价，他们不知我为了保持这屋子整洁多么辛苦地工作，我必须亲自测试这位女士到底有多么仁慈，多么有耐心。"

第一天，女仆晚一点起床。当贵妇醒来时，她注意到女仆还在睡觉。她斥责她："你这个蠢女人！都睡到日上三竿了，立刻起床干活去。"

女仆起身，她并未睡着，只是在假装睡觉。起床后，她向女主人道歉，然后开始干活。

第二天，女仆起得比前一天还晚，贵妇暴跳如雷。她严词责骂女仆，并威胁若再晚起，就会打她。

第三天，女仆仍很晚起床。贵妇怒不可遏，她拿起扫帚打女仆，直到打得她头破血流为止。女仆负伤冲出屋外大叫："看吧，朋友！我的女主人因我今天晚一点起床而责打我。昨晚我一直干到半夜，头很痛，因此今天才会晚点起床。"

那些过去称赞贵妇有耐心与慈悲的邻居们，很快便改变了他们的看法。（M 21）

在一段漫长与放松的假期之后，或当你从闭关禅修返家时，你也可能经历类似的崩溃。当离开时，你的愤怒、不耐烦、嫉妒与恐惧都隐而不现，你感到祥和与快乐。但一旦回到家，接到一个令人心烦的电话，或看见一张忘了缴付的账单，或某人踩到你的脚趾，此时你的愤怒会全部爆发出来。那一瞬间，祥和之心消失了。你因此质疑："我如何才能在每天的生活中，都维持这种快乐休假或闭关禅修的感觉？"

这个答案是正念。必须明白，并非别人或某个困难的情况造成你的问题，而是你受到自己的过去的制约。除了尝试维持不断觉知之外，学习认出内心习惯的特殊弱点，能帮助你防止不善的反应生起。

例如，假设你在一个昂贵的店铺选购手套，而店员非常无礼。你从过去的经验得知，无礼的店员将令你气愤。因此，你小心翼翼地保持正念，排除任何嗔念。你如此思考："嗯！这个店员也是人，也许他没睡好，或他有经济困难、家庭问题，可能他对我的种族或国家的人并无安全感，或他今天心情不好。这些都可能是他无法礼貌地对顾客说话的原因。"

这个技巧听来容易，其实不然。我们的心尚未调伏，无法防止负面的思维形态。愤怒很容易，批评别人很容易，担心明天很容易，想要东西很容易。这些心的习惯就如垃圾食物般，一旦你开始吃第一袋薯条，就很难停止。防止恶念生起也很困难，一旦你上瘾，就很难摆脱。如觉者所说：

> 善人行善易，恶人行善难；
> 恶人作恶易，善人作恶难。(Ud V. 8)
> 害己之事极易行，利己之事甚难做。(Dh 163)

然而，你应坚守这个认识：预防一定比治疗更容易。以正精进修习正念，防止恶念与恶行生起于未然。若训练自己保持正念，则预防身、口、意有害的习惯并非不可能。在认真努力防止恶念与恶行生起，它们却依然生起时，你不应灰心丧气。那并不表示你是个坏人，只意味着你还有更多的功课该做。你应感到高兴，因还有个好帮手能来帮你：用来断除恶法的精进。

2. 断除已生的恶法

在完全觉悟之前，我们无法选择什么思想会生起，因此无须感到羞愧，或对出现的事有厌恶的反应。然而，我们会选择允许什么思想增长。正面与善良的思想有助于心，应被培养。负面与不善的思想，诸如五盖与十结，则伤害心，应以正精进立即对治并断除。这是觉者的建议。

## 断除五盖

你如何回应五盖，取决于它的牢固程度。五盖不会瞬间成熟，它们刚开始只是一个负面的心理瞬间，然后逐渐增长。你愈快逮住这个思想系列，就愈容易制止它。任何时候只要五盖出现，你就无法在正念或禅定上取得进步。

起初这很简单。某个盖生起，只要注意它即可。例如，你注意到自己有贪欲、嗔恚、困惑或担忧的念头，或心已陷入不安、昏沉或沮丧的状态。在这个最初的阶段，五盖非常微弱，因此断除它们的方法也是温和的，只要注意负面心念的出现即可。通过单纯的注意，负面心念会慢慢消失，你注意它的消灭，以及这个消灭如何促成布施、慈爱与智慧的生起。

若某个盖的发展已超过最初阶段，则你必须采取更强烈的手段。首先，以完全的正念观察负面思想，彻底地注意它对你身与心的影响。观察它的无常本质，观察造成念头生起的环境、外观、感受、心情与其他各种情况的无常本质。思考若沉溺于此恶念，可能对自己造成伤害，以及依此恶念行动所可能产生的更大伤害。

现在，规劝自己。提醒自己每件事都是无常的，以及造成这个想法或心念产生或生起的情况一定会改变。例如，若某人说了令你担忧的事，提醒自己生命中总会面临这样的问题——担心金钱或健康，忧心工作或家庭等。告诉自己，此人可能正经历同样的问题。你无法确知某人内心于某个时刻正在发生什么事，坦白地说，你甚至不知自己的内心于某个时刻正在发生什么事。事实上，发生的每件事都取决于许多不同的因与缘，如此思考可能会让你的负面心念消退。

例如早晨在坏心情中醒来，你不知有何特殊理由，为何会感到沮丧、愤怒、消沉、急躁或不高兴。但若仔细回想，你也许会记起晚餐吃了一些辣味食物，或在睡前看了几个小时的电视。但吃辣味食物或看电视本身，并非你早上心情不好的原因，这些行为本身是其他因素的结果。也许你那天稍早之前，曾和儿子或丈夫吵架，且因沮丧或焦虑而比平时看了更久的电视。然后你可能记起，吵架是由办公室里的困境所引发，它本身是其他因和缘造成的结果。因此，经历的每件事背后都有其因素与机缘——远超过我们所能分析与认知的范围。这些因素都彼此相关，没有单一事件可造成别的事。因此，无须通过责怪自己或别人，来让负面心念愈演愈烈。

此外，你可提醒自己，幸好一切事件与情况都会改变，并无任何事能维持一成不变。当你感到彻底绝望时，会以为情况不可能改变。然而，当更仔细观察时，你会发现这个信念是错误的。人会变，情况会变，你也会变，没有任何事不会改变。因此，随着时间的流逝，沮丧的心情或愤怒的心理状态会改变，你对于讨厌的人或事的感觉会改变，你的态度会变，别人的态度也会变。有时当心情好或不好时，你以为心情永远不会改变，其实，连“这永远不会改变”的想法也会改变。当了解到这点时，你会放松一些，而负面心念也会开始消退。

最难断除的一种负面心念是，你一直未注意，以致它变得根深蒂固，这种心念妨碍心并阻挠它发展。当打坐修习正念或正定时，你也许会注意到这些念头的存在，因一些负面心念一直在脑中萦绕，你无法专注于呼吸。在此情况下，你需要使用更强的精进。

这也许是通过检视可疑的心念发展内观的好时机。若是如此，你暂时放下修定或观察感受心所生、住与灭的计划，把心安放在彻底检视正在发生的事情上。使用这个检视的方法，如“正思维随念”一节中的第二个步骤所说。然而，若你偏好继续原先预定的修行，有几个补救措施可用。它们被依强制顺序列举如下，若前一项失败，就尝试下一项。

- 忽略它
- 把心转向别的事上
- 以盖的对立面取代它
- 思考诸盖都是从许多因、缘衍生，且是不断变迁的
- 咬紧牙根，舌抵上颚，尽一切努力断除它

例如，你一直愤怒地想着和朋友的争执，只是注意这个想法，无法让你释怀，规劝自己也失败，你也曾尝试忽略这个想法。如觉者所说：“唯有当你注意它们时，你心中的一切事物才会生起。”〔A IV（Eights）IX. 3〕当你不注意任何一种念头时，它就会消逝。但这个方法也无法断除你的嗔念。当坐禅时，和朋友的对话一直萦绕在你心中，这些想法燃起

怒火，使你的内心无法平静。

你能怎么办？你可把心转向别的事，把注意力转向完全不同的事，如明天已经计划好的欢乐活动。若失败，就把心转向愤怒的对立面——慈心。回想你和朋友曾有过的平静与和谐的时光，让这些美好的回忆充满内心。然后尝试传送慈念给朋友，若这样做太困难，就传送慈念给孩子，或通过回想老师或所爱之人的特质，而激发慈爱的感觉。当散发慈念时，你心中便容不下愤怒了。

若嗔念还是持续，就得严肃地看待它们。注意它们如何改变，生与灭、出现与消失。想想你可能会因沉浸于不善念，而蒙受丧失内心安稳与心灵成长之苦。

若一切尝试都失败，则你必须尽全力摧毁负面想法，用觉者的话来说就是："如力士击垮弱者。"换言之，你绝对不能让不善念赢。你也许心想，这个咬牙切齿摧毁负面念头的方法似乎太严厉，不太像曾听过的其他修心教法，甚至可能认为它似乎不符合佛教温和的性格。

但发愤精进，其实与觉者的生活与教导相当一致，他教导我们要勤勉努力。如先前所说，正精进是完成每一八正道支的动力来源。依据正精进，我们小心预防有害的身、口、意行；依据正精进，我们克服压力、焦虑、忧愁、恐惧与怨怼；依据正精进，我们修习正念，培养那些自己尚未察觉、已拥有的内在美好特质。

让潜沉的美好特质浮现到内心表面。依据正精进，保持它们，且不忘失它们，一再反复地练习它们。如觉者所说："让我的血液枯竭！让我的身躯枯槁！让我的身体只剩枯骨！

除非达到觉悟否则我绝不从禅座起身。”（M 70）从他觉悟那天起直到入灭，觉者不断提醒人们，要同样精进修行。

有时人们会不顾这个教导，说心灵成长得靠“轻松的精进”。我必须抱歉地提醒你！朋友，并没有轻松的精进。精进必须平衡，过度努力或不善巧地努力，都可能造成内心压力过大，而辗转落入不善法中。但若不太努力，则会厌烦、疲倦或失去兴趣。因此，你必须无间断地精进，平衡地驾驭精进与善心所。

事实是，没有精进你永远成不了什么大事。每个伟大的发明都需要精进。电灯、汽车与计算机都不会因某人轻松闲坐而平白无故地产生，发明者为了目标而废寝忘食。若你着手禅修的大计划，就一定要奋发精进以达到目标。若是有需要，也必须愿意严格自律。有个关于觉者的故事，便清楚地说明了这点：

> 一位驯马师问觉者：“你如何训练弟子？”
>
> 觉者问他：“你如何训练马匹？”
>
> 驯马师回答：“我运用温和的方式，若无效，我便运用严厉的方法。若无法以严厉的方式训练马匹，我便杀死它们。”
>
> 觉者说：“我也是如此。我使用温和的方法，若无法用那个方法训练弟子，我会使用严厉的方式。若我无法以严厉的方式训练他们，我就杀死他们。”
>
> 接着驯马师说：“你应是教导不伤害众生吧！你怎么能杀人呢？”

于是觉者解释他的杀法，是以联合抵制或完全忽略那人的方式，“杀死”桀骜不驯者，从此之后，他将被排除在僧团之外。〔A II（Fours）XII. 1〕

在另一个著名事件中，觉者用了这个方法：

觉者有个老朋友名为阐那（Channa，或译为“车匿”），他曾是觉者的儿时玩伴，且是载着悉达多太子出宫过苦行生活的那个车夫。阐那在年迈时，出家成为比丘。他因在觉者生命中扮演的角色，而自认为对觉者的成就居功厥伟，因此变得非常骄傲，从受戒时起，他便轻视僧伽。例如，当年长比丘来访时，他不遵照礼俗起身让座，或取水给他们洗脚、洗脸。

觉者告诉阐那，他的行为非常傲慢。他对阐那说：“你必须尊敬这些比丘。”但阐那从不听觉者的话。

最后，当觉者入灭时，阿难尊者问觉者该如何处理阐那。觉者请僧团默摈他，阿难被赋予宣布默摈的使命。

当觉者入灭时，阐那非常震惊与哀痛，他开始想：“我的一切名誉、权力与勇气皆来自觉者，如今他走了，再也无人支持我。现在整个世界都空了，我曾冒犯过许多比丘，他们不再是我的朋友。”

当阿难宣布默摈阐那时，阐那再度震惊，并因而昏厥。当恢复清醒时，他变得非常谦虚，觉者知道阐那会如此反应。阐那顺从与勤勉地修禅，最后终于觉悟。严厉的方法有时是必要的，有时也是有效的。(D 16；V ii 292)

你可将同样的技巧使用在自己的五盖上。先从温和的方法开始，但若有必要，也要使用严厉的方法。

当你受诱惑想去买另一件漂亮的运动衫，尽管衣橱已塞满运动衫时，以前述的方法去调心——忽略那个想法；把心转向别的事；以舍念代替贪念；以正念思维运动衫与一切物质无常的本质。若心仍苦苦欲求那件运动衫，也许就得严厉地对待自己。告诉自己停止，否则这一季都将没有新的运动衫。若那样还是无效，则决定这一年都没有新的运动衫。最后通牒，威胁自己接下来 5 年内都将从“救世军商店”（即二手货或慈善拍卖商店）购买运动衫！然后落实威胁，心将学会放下。

有个特殊情况需要使用非常严厉的方法。偶尔坐禅时，心是完全混乱的。这可能是由于禅修之前发生了某件事，例如当天过度刺激或发生某件令你极度焦虑的事。心如此激动，画面与情绪快速闪动，负面想法令你疲于应付。你可能正经历我的学生们所说的“多重盖障攻击”，此时好几种盖生起并接管内心，一个接一个。若你允许心如此放肆，它可能变成难以克服的恶习，最好尽量努力让心平静下来。

若所有平常的方法在上述情况中都失败，还可以尝试另一个方法：尝试数息，这是让心专注于一事的技巧。首先从一到十数呼吸，然后从十到一；接着，从一到九以及从九到一，继续数到八、七等，乃至一到二以及二到一。最困难的部分是，若心在你数息时稍有迷失，就得重来。你持续这个数息，直到可完成整个计数循环都未分心为止，然后可重回平常的禅修方法。这是个挑战，在每次分心时重来，使得心厌倦跑开。

虽然这方法很强，有些人却可能连数息都饱受混乱之苦。在此情况下，就把混乱本身当作禅修对象，观察混乱的变化。

**断除十结**

使用我们方才讨论的技巧，你可训练自己在十结生起时认出它们，并采取步骤断除它们。依据正念与积极对治法，困扰你的结——疑、贪、嗔、掉举，逐渐被削弱并退出内心。那个特殊的结，可能暂时不会再生起，心觉知它消失并变清明。之后，根据你的性情与生活环境的变化，另一个结会浮现。

当以正念觉知结的循环生起、消逝，然后又以其他形式重现时，你开始了解这些结有多么顽强，以及如何紧紧地将你束缚在痛苦与不快乐中。无论你多少次短暂克服它们，呈现为结的内心习气仍持续存在于你心里，一再束缚与陷害你，你了解自己是作茧自缚。当正念增长时，你了解这些负面心念——贪、嗔、痴，不只扭曲想法，还使你生活的每个层面更悲惨与痛苦，心不断回到相同的负面形态，你觉得自己被“结”束缚在无尽的生死轮回中。

事实是，正念只能短暂地帮助你压制十结，必须在觉悟之道上证果才可能摧毁它们。如前所述，十结可分四个阶段断除。如何做？通过精进的五个运用断除它们，即压制、取代、破除、平息与脱离。

“压制”是指镇伏一切不善法，透过正念或禅定防堵它们。每当你保持正念或进入深定时，十结就会保持潜伏。当养成习惯镇伏十结时，被压制的结是虚弱的。在念念分明中，虚弱的结无力引发大烦恼，对你的思想过程冲击也较少，五盖也会收敛一点。这个暂时的止息，可以制造更多内观发生的机会，且显而易见的是，在智慧生起时有些结会被破除。

“取代”是通过修习个别不善法的对立面，来对抗该法的精进。通过修习慈心来取代嗔恚；通过无常观来对治常见；通过分析身心是波动元素聚合而成，来对治根深蒂固的我见。

当压制与取代逐步增长时，一些虚弱的结就可能被破除。“破除”是指结被断舍的时刻，就如棕榈树被闪电击中时断裂一般。“平息”是指那些结在被破除后立即消失。“脱离”是指任何一类结被摧毁后心的解脱。最戏剧化的脱离，发生在四圣果中的第一圣果，此时一个人超越凡俗，已部分觉悟。

假设你已瞄准前三结——有身见、疑与戒禁取见，且深入探究它们的对立面。你坐禅时，以深定观察呼吸的三个特征，慧可能生起。对无常、苦与无我的检视，在一次大内观中，让你洞见诸法皆具这三法印的实相。如此清楚地看见诸行无常，你在直观的层次上，体悟到没有一个恒常的事物可被称为“自我”或“灵魂”，你因而断除第一结。你也明白，一定曾有位大士于修道时悟出这一切，因此它必然有助于根除一切负面心所，你因而断除第二结——疑。你现在知道，除了通过强调戒、定、慧之道去修习智慧之外，没有任何方法能解脱你的心。了知这点之后，你不再相信禁戒有能力拯救你，因此破除第三结。

一旦破除这三结，你便达到初果。现在，你不再退却，永远不再怀疑自己完全觉悟的潜力，或怀疑自己是否能达到它，你必定能达到目标。你成为“入流者”，因为法流的推力会带领你到达觉悟，就如树枝被水流推移前进一般。

从此以后，心会有股新的浮力——一种感觉，即无论生活环境看似多么困难，在那底下一切都没问题。你确知诸行无常，这将为心带来慰藉。因明白因果法则，你再也不会犯任何严重的恶行，有了良好的行为，懊悔便无理由生起，而能解脱那个重担。若真的犯错，例如撒了一个小谎，你会感到不安一直到改正为止。你也许还是会陷入愤怒、哀伤或贪欲中，但这些插曲不会像以前般影响你那么深，且很快就会过去。整条解脱道让你感到意义非凡，你兴味盎然地持续修行。整体而言，你变得更有自信，比较不会以自我为中心，更慷慨、仁慈与专注，且更能胜任所做的任何事。同事与朋友们都注意到你的改变，你已变得更亲切、愉悦且放松。你眼里闪耀的光芒照亮了别人的心，他们开始问你幸福从何而来。

为了显示达到入流果的重要性，觉者以手指沾了一点尘土，并说：“比丘们，这点尘土与全世界所有尘土相比何者较多？”比丘们当然回答，世间其余尘土比起手指上的一点尘土要多得多了。觉者接着说：“同样地，比丘们，达到入流果所断除的烦恼，就如世间其余尘土一样多。而入流者尚未断除的烦恼，则如同我手指上的尘土。”〔S V. 56. 6（1）〕因此他说，达到入流果远比统治一切王国的转轮圣王伟大，比升天成为天人伟大，甚至比成为天主更伟大。

完成这个突破之后，你开始处理接下来的障碍——粗贪结与嗔结。当破除前三结时，你也减轻了其余诸结的负担。因此，如今你面对的贪与嗔，比起一般人所经历的要少很多。

你一再地观察贪与嗔，并以正精进打击这些敌人。你培养布施与慈心，彻底厌离心的贪取、嘀咕与抱怨。当逐步深化无常的觉知，更看清一切乐、苦与不苦不乐受的变化本质时，你了解到刚愎自用是无效的，你愈来愈能放下。

最后粗贪与嗔终于大幅减少，剩下一些较不明显的贪与嗔，此时我慢转弱，但大部分的工作皆已完成。你成为“一来者”，意即在完全觉悟之前，顶多只在色界再转生一次。

内心获得的安稳是难以言传的，你的一切担心、义务与负担都永远消失了，没有粗言或灾厄会惹恼你，你已无忧无恼。人们会注意到你的纯净与无尽的慈心，并开始视你为圣者，但从初发心来看，你并不比任何人好。这是个无我的过程，一种内心的自然转换，一切成果都只是遵循觉者的指示。虽然你对自己的损失已不再有任何执着或悲伤，但心如此广大，还残留足够的执取，以致仍能积极涉入别人的损失，并感到悲伤。因此，你还有工作该做，还得灭除残余的贪与嗔。

当终于破除粗贪结与嗔结时，你达到第三圣果。这个阶段的人被称为“不来者”，他再也不会转生到这个世间，但可能转生至无色界一次。

一旦灭除粗贪与嗔，接着必须处理最后一组，最微细的烦恼——最后五结。心中这些问题如此微细，平凡人不可能察觉它们，遑论有尝试去除它们的想法。“不来者”持续感到不安，例如，因为担心会再一次转生于世。更有些处于这个微妙阶段的人认为，这些残余的结如同洁白无瑕衬衫上的食物残垢。

“不来者”持续修行，进而灭除残余的微细色贪与无色贪。他或她断除“慢”——一种似乎有个自我的经验特质，也灭除掉举与最后残余的一点无明。在一个伟大的时刻，最后灭尽这些结，一位完全觉悟者——阿罗汉就出世了。此人再也不会基于贪、嗔、痴而行动，因这些不善法已被永远从内心排除了。如觉者多次说到的那样，阿罗汉是“卸下重担者”。

你会幻想，也许阿罗汉可能堕入恶道或受诱惑从事性交、偷盗或其他世间行为。若你回想结的本质——结如何误导行为以及如何被断除，你便不会对完全觉悟者抱有这些想法。阿罗汉们发现连放纵欲乐都难以想象，遑论任何不道德的行为。阿罗汉永远不可能再次犯错，他们一直品尝究竟安乐，且始终维持完全安稳。

觉悟时，我们清楚看见需要知道的一切事物都包含在四圣谛之内。我们对于实相、过去、现在与未来，对于自我存在、宇宙，再也没有任何推测的看法与理论。我们了解色法为何与如何生、灭，了解受为何与如何生、灭，也了解想、行与识。

我们已彻底解脱一切假想与推测，解脱“我”与“我所”身份认同的主张，或感觉的一切意向，推动自我的一切理论、看法与信念都已消失。彻底解脱全部十结是究竟圣果。

## 3. 修习未生的善法

在有希望达到觉悟之前，多数人都有许多功课要做，克服五盖以及压制十结是必要的第一步。但即使你暂时成功克服了不善念，心还是很容易受伤，可能又会沦入痛苦与受阻的状态，如飞机没入云中。一旦你暂时清除内心一切不善法，你必须使用正精进去激励、扬升与鼓舞心，以便获得进步。

当克服不善法时，心进入中性状态，但它不会维持中立太久。这很像汽车的变速器，你必须将倒挡变换到中间的空挡然后再换前进挡。你无法不经由中间的空挡，直接从倒挡变换到前进挡。从中间的位置，齿轮可变换到两边的方向。同样地，心无法直接从善变到不善，反之亦然；两者之间必须经过一个中性的状态。

你可以利用这个中间的“空挡”去修习善心。例如你正在坐禅，一个负面心念生起，你的正念察觉到并认出这个不善法。你克服它，也许通过看见其中的危险，然后重新回到呼吸上。由于呼吸是中性的对象，你的心在观察它时始终保持中立。但很快地正念跳脱，另一个痛苦的心念生起。再次，正念猛然警醒，你克服不善念，并以中性心念重新回到呼吸上。这个过程一再地发生。

最后你对自己说：“这太可笑了！”正念使你觉知必须停止这个反复的负面形态。当集中注意力时，你开始看见心理活动的顺序，了解与其让负面心念有可乘之机，不如掌握时机，在心是中性时发起善念。你重回呼吸并放松，做几次深呼吸，然后开始修习善念。

有无数开发善念的方法。禅修时可用的最有力方法之一是，回想过去你曾做过的善巧行为，以及伴随该行为而来的愉悦心念。例如，也许你曾帮助过一个尝试通过车水马龙街道的老妇人，她提着购物袋踌躇不前，车辆疾驶而过使她无法过街。你不认识她，也不求任何回报，甚至连一句谢谢也不要。在心无欲求之下，你走到马路中央示意车辆停止，那位女士安全地通过。那时，你的心感到轻盈、自由、放松与快乐。现在当你想到此事时，感觉如何？你再次感到轻盈、自由、放松与快乐，回想内心这些感受后，你思考："这是我应修习的心念。"如此你利用这个记忆，去鼓舞正念感受这些心念的生起与增强。

你可使用曾做过任何善行的记忆，只要不涉及贪着即可。这些行为在你做时曾带来乐受，你可在回想它们时，让同样的乐受充满心。也许你曾帮助一个在卖场与母亲走失的小孩，或救助路边受伤的动物。也许你看见两人为了琐事激烈争吵，而你帮忙化解。也许在工作中，你曾帮助年轻人热心学习。你也可以回想别人对你行善后，你内心的感激，或回想有名的善行报道。在回想这些事时，你的心充满善法且变得放松、快乐与知足。

另一个修习善念的方法是，回想你曾战胜贪、嗔、痴的经验。例如，有一次你的小孩真的很烦，你很想掌掴他。此时正念生起，你记起不应因愤怒而行动，怒火消退，你冷静下来并恢复平静。你想起这个从火爆盛怒到心平气和的大转变，并回想那个感觉有多么好。你对自己说："这个好感觉正是我想修习的。”这个回想会帮助你放松，并令你充满平静的喜悦。

你可搜集自己激励善念可行方法的工具箱。也许你注意到，每次想起孩子迈出第一步时，都有一股慈爱的暖流通过，把那记忆收入你的工具箱。以后，你可用那个感觉为跳板去修习善法。

这个精进修习善法随念的技巧，不只可用于禅修，也可用于吃饭、走路、工作、谈话。

你不再被动地等待生活中出现让你感到快乐的理由，而是运用心去想象何种行为促使生活更愉悦，回想过去什么有效、什么无效。揭露这些简单心理过程的因与果后，在你做的每件事中，修习这些令人愉悦的善法。

例如洗盘子时，你也可对那些用得到盘子的人修习慈念，可通过留心正面或负面话语的可能结果，而保持警觉，这被称为“善始”的对话。通过放松，将安忍、慈心、悲心、内观点点滴滴汇入对话中，你使它进行得更顺利，利己也利人。

通过觉知自己的缺点化解可能的问题，也是过程的一部分。例如，若你看出自己脾气不好，这个看出便是善的，然后你可培养开朗的性格以防止发脾气。当出现挑战时，如公司恼人的主管来检查，你可提醒自己，自己的行为可能导致高兴或尴尬的结局，然后你决心保持放松并充满慈心。主管若说或做了令人讨厌的事，你必须自我开解，不能陷入愤怒的痛苦表现中。

同样地，若你自知很容易焦虑，就预做防范。在孙女展开她的初次飞行之前，尽可能采用过去有效的做法去克服焦虑，并让自己保持开朗。无须为了她的飞行而自困愁城，反之你可以悠然自得。

这是自修的技巧。我们愈努力保持怡然自得，它就会变得愈有趣，我们也愈能得到好的结果。每一天，每一刻，我们都能修习无量的慈、悲、喜、舍。这四种善法引领心获得非常美好与崇高的感受，所以它们被称为“梵住”。知道如何提起它们的人，随时都能在世间享受到天界之乐。

4. 维持已生的善法

理想的情况是，一旦生起善法，你会维持它且不让它消失。你知道若让它溜走，心会重回中性，并可能沦为不善。因此，你尽一切努力保持愉悦之心继续进行。此刻的善应成为下一刻、下一小时、下一天与下一星期的善。你尝试保持善法鲜活，就如某人尝试保持烛火续燃一般。

这并不容易。

你时常对自己许下美好的承诺吗？记得新年的许愿，或在牧师、朋友面前许下的结婚誓言吗？记得许下过多少个生日愿望吗？其中你还保有几个？你可能曾对自己许诺：“我从此以后再也不碰香烟、不喝酒、不说谎，再也不恶口对人或侮辱别人。我再也不赌博、不偷盗、不杀生。”或在一次美好的禅坐或闭关之后，你也许心想：“这次闭关真好。我从没想过禅修这么容易。啊！这次闭关真是安详与平静！这就是我未来要走的路。”

这些都是善念，但其中有多少落实在日常活动中了？这些念头在心中生起就像汽水中的气泡一般，几个小时之后，水就静止无波了。你失去热情，并重新回到旧有的习惯上。为了维持最初的精进心，你必须培养强大的正念。

记住，没有一件重要的事是只做一次就能完成的。你必须一再地重复善念与善行，直到修行圆满为止。我们惊讶于奥林匹克运动员的技巧——他们是一日之内便具足这些能力的吗？你初学骑脚踏车时摔了多少次？圆满善念就像这样，你必须非常努力地练习。每当松懈时，就回想你持续精进时的情况，直到达到目标为止。

当然，有些实际事物可帮助你修习正精进。你可亲近善知识，远离愚痴者；可闲居独处，阅读具有启发性的书籍，并时常与人讨论佛法；也可努力修习正念。这些行为有助于你保持善念。

我来说个关于一位比丘发愤精进的故事：

古印度有位长老比丘，他是个大师。有位资历比他稍浅的比丘搞砸了一件事，这位大师决定惩戒他，于是派他去某个家庭乞食。他希望这位资浅比丘能和这一家建立起好关系，因他们有个新生儿，比丘们期待这个新生儿成为伟大的佛教领袖。这家主人对修行人吝啬与敌视是出了名的，当比丘第一次出现在这家门前时，这家主人非常苦恼。他严令妻子、小孩与仆人不能给比丘任何东西，且不能和他谈话，甚至不能看他。因此，比丘只好空手而回。

当比丘翌日重访时，情况亦然。没人给他食物、和他交谈，甚至没人看他。但比丘并不气馁，他日复一日、周复一周、月复一月、年复一年重返这家，长达7年之久。

之后，这家主人雇用了一个新女仆，她对于不可布施这位比丘的禁令一无所知。在第七年的某一日，当比丘前来时，新女仆对比丘说："走开！我们没有东西可以给你。"

比丘很高兴终于有人招呼他了，在回寺的途中他巧遇骑在马上的这家主人。这家主人以轻蔑的口吻问比丘："你从我家获得什么东西了吗？"

"是的，先生，谢谢你！"比丘回答，"我今天收到了一些东西。"

这个吝啬者闻言大怒。他疾驰回家，跳下马，冲进家中，大声咆哮："你们给了那个无耻秃驴什么东西？是谁把东西拿给他的？"

家里每个人都否认曾布施比丘，但主人仍不满意，他逐一询问每个人同样的问题。当来到新女仆面前时，他问她："你有给那个比丘任何东西吗？"

"没有，先生。"她回答。

"你确定吗？"

"是的，先生，我确定。我没给他任何东西。"

"你和他谈过吗？"

"谈过，先生。"

"你对他说了什么？"

"我说：'走开！我们没有东西可以给你。'"

这个吝啬者心想比丘欺骗他，这想法令他更为愤怒。他说："若这个骗子明天再来，我会谴责他愚弄我。"

隔天比丘如同往常一样出现在这家门口。吝啬的屋主出来愤怒地对他说："昨天你说从我家收到东西，我质问过所有人，发现没人给你任何东西。你这个无耻的骗子，你骗我！告诉我，你从我家得到了什么？"

"先生！7年来，我来你的豪宅都一无所获。但昨天，一位仁慈的女士出来说：'走开！我们没有东西可以给你。'那就是我从你家所获得的。"

吝啬者感到很不好意思。那一刻，他看见自己内心慈爱与布施的火花。他心想，这位比丘一定是个圣者。他因收到我仆人的拒绝话语而如此感激，若他从我家收到一点食物，那岂不更为感激？

这家主人立即更改了命令，要求家中的人给比丘一些食物。从此之后，比丘持续从那家得到布施。他的决心，他维持安忍的正精进，以及善念终于获得成功。那家的新生儿后来成为阿罗汉，以及那个时代最重要的佛教领袖。(Mhvs V)

你可能会质疑，反正一切事物都是无常的，甚至连最高的心理状态最后也会消失，那为何要在修行中与生活中如此努力呢？没错！一切事物当然都是无常的，甚至没有一个恒存的"你"在经历诸事。但痛苦与快乐确实发生，若你踩到黄蜂且被螫到，你不会想"我"好痛，而是"哇"地大叫一声。即使那一刻没有“我”的意识，痛苦依然存在。

有些人在听到“无我”的教理时会感到困惑，他们习惯相信一定要有受苦的“某人”才有痛苦。但这个假设是错误的，经上说，只要有身、心的聚合，痛苦就必然存在——除非达到觉悟。

> 唯有苦生起、苦住与苦灭。
> 除苦生、苦灭，无他法存在。（S I. 5. 10）

另一个错误的观念是，既然无受苦之人，那么痛苦便无关紧要了。当人们提出这点时，我会试着把他们从推理拉回到现实中。我说：“无论是否有个自我，你都在受苦。你喜欢痛苦吗？那是生活的目的吗？无论有无自我，这都是你不喜欢的：痛苦！因此它当然重要，你是否受苦非常重要。”毕竟是因为苦的缘故，觉者觉悟之后才奉献余生教导他人。出于大悲，他对众生开示断除诸苦的修心之法。

还有一点也是真的，即使更高、更喜悦与更微妙的心理状态也有消逝的时候，这正是为何修习善法时，我们必须在得到它们时加以运用。善法是根除痛苦的必要工具，而维持善法，将带来超乎短暂轻松喜悦的长远利益。清明良善的心理状态，是修习无常观以彻底根除渴爱与无明的基础。

第六章

**正精进**

# 记得宏观

使用正精进去断恶扬善，是八正道的关键部分——重要性不亚于正念。然而，人们经常忽视正精进的善巧部分，他们忘记全貌，而沉溺于有趣的佛法细节，这些人经常只是局部了解此道。他们采用听过的某些观念，并一股脑儿地投入至荒谬的程度，然后做出弄巧成拙的不善之事。他们并没有变得比较快乐，反而更加痛苦。

我认识一位年轻女子，她不安地觉察到潜伏在多数行动底下的渴爱，尤其是关于吃。她并未因而保持正念，而是试着直接去对抗感觉。用餐时她尝试不去感觉贪，甚至尝试节食，而改以蛋白质饮料来补充营养。她虽回避了平常的贪，却发展出一种神经质的厌食，并感到沮丧。一个好朋友提醒她，应记得宏观并培养善法。朋友建议她破除沮丧的方法：读一本好书，去远足，做好事或忙碌地工作。年轻女子激动地回答："但我不想逃避现实！"做破除不善钳制必须要做的事，并非逃避现实，而是使痛苦免于恶化。

若放纵导致痛苦的不善不断恶化，那么你遵行佛道所做的一切努力有何意义？你必须反复反省自己的行为以及它所导致的后果，必须持续问自己："此刻，我在修什么呢？"

有一次，觉者的姨母摩诃波阇波提乔达弥（Maha Pajapati Gotami，即大爱道）比丘尼，请觉者给予简短建议，以指导她的修行。觉者告诉她，应根据自己的经验与常识，尽一切努力去增长内心的善法。他说你所做的事应导致：

- 平静而非激情
- 解脱而非束缚
- 消散（苦因）而非积聚
- 少求而非多求
- 知足而非不满
- 闲居独处而非群居杂处
- 精进而非懒惰
- 随遇而安而非吹毛求疵〔A IV（Eights）VI. 3〕

以上八点提供了一个好的指导，确保我们的努力有益于宏观。

还有另一个准则，可用来判断我们的精进。如觉者所说，诸佛共通之教诫皆为："诸恶莫作，众善奉行，自净其意。"(Dh 183)

## 正精进修习

心被负面思想困扰时，禅修非常困难。有些人坐下来禅修时，会不安与激动，咳嗽、抓痒，身体摇摆、扭动、转来转去，看其他禅修者，频繁地改变姿势。有些人则猛打呵欠，觉得无法保持清醒。那些习惯生气者，在尝试禅修时可能会感到憎恶与怨怼。还有人可能被欲贪给淹没，有些人则被疑惑所困扰。

经过多年修行，禅修者们已发展出有效对治某些特定禅修障碍的策略。

- 当贪欲困扰心时，在心中分解吸引你的对象。若你贪求一块巧克力奶油派，提醒自己它是由各种元素聚合而成的，它会腐坏，想想奶油派被消化过后的样子。反复思考这些事物，直到欲贪消退为止。同样的技巧，也适用于贪爱一个人的情况，想想身体的聚合本质——骨头、肠子与其他器官、痰与其他体液。持续思考这些部分，或想象这个人尸体的样子，直到性欲消退为止。但若这个技巧反而助长你的欲贪，则立即停止，并专注于呼吸。
- 当嗔恚生起时，运用前面讨论过的对治法，例如觉知愤怒，看出一切情绪无常的本质，思维安忍的利益，规劝自己以不同的角度去看事情，以及修习慈心。
- 当昏眠生起时，做光明想。若那无效，则尝试这些补救法：以拇指与食指捏耳垂（不要用指甲）。睁开眼睛，转动眼球几秒钟，然后再闭上眼睛。深呼吸并尽量闭气，然后缓慢吐气，视需要重复数次直到心跳加速，并冒汗为止。微张眼睛禅修。起身修习立禅，或做行禅。以冷水洗脸。若都无效，就去小睡一下。
- 当掉悔生起时，思维寂止、平静或安稳。把心拉回呼吸，并安住于此。做几次深呼吸，并感觉鼻端与身体的呼吸。再做一次，把注意力放在尾闾或脚底，并感觉身体的重量。

- 当疑惑生起时，思维觉者的觉悟、其教法不受时间影响的本质，以及其弟子觉悟的成就。若你已陷入疑思，抛开无用的主题并思维佛法的一些面向。专注于你已知为真实的无常、苦与无我。持续注意当下。

当贪欲消退时，你觉得有如付清债务。当嗔恚消退时，你觉得有如大病初愈。当昏眠消退时，你觉得有如获释出狱。当掉悔消退时，你觉得有如解脱奴役。当疑惑消退时，你觉得有如不再迷失于沙漠，并抵达安全无忧之地。

在心中恶法消失的那一刻，你感到快乐。之后，每次想到它们消失，你都会感到快乐。当回想过去诸盖与结造成你多么痛苦时，你就会很高兴看见它们不再使自己感到不安。心是安稳与平静的，你盼望此心境，如今终于达到，因此你非常快乐。

当负面思想消退时，心便准备好要培养正面思想。当善念在禅修期间生起时，以正念看着它们，别执着于它们。禅修时应被鼓励的念头包括慈、悲、喜、舍、正见、寂灭、忍辱、决意、不放逸与利益众生。当这些念头消退时，重新精进修习它们，回想它们当初为何生起。这一切善念的根本都在你心中，只是被负面因缘给压抑了。

以正精进去断恶修善有如爬一座山，在开始爬山之前，你小心预防路上可能产生的问题。你确保自己的身体与心理状况都适合，备妥急救药品，穿上耐用的登山鞋，带着绳索、拐杖、食物、饮用水与合适的衣物。这些措施就如防止恶法生起的正精进。

然而，虽然你很小心，问题还是会生起。饿了，要吃东西；渴了，要停下来喝水；要对自然情况临机应变；累了，要休息；若发烧，要服用带来的药品。这些行为，就如对治心中生起的不善法。

你通过休息、正确进食、多喝水，以及避免过度劳累，来保持精力。这些正面活动就如修习善法。

在历尽艰辛之后，当达到顶峰时，你感到非常轻松、满足与喜悦。你很高兴自己曾努力设法达到目标，你可能会说“我很高兴走完这段路”或“我很高兴自己能克服一切困难”。同样地，当你修习善法并维持它们时，会很高兴自己的努力终于有了结果，从此之后再也不用被不善法纠缠。正精进就是这样带来喜悦。

当你努力达到它时，快乐就在那里。记得你的目标，不要放弃努力，直到达到究竟安乐为止。对自己说：

> 我生已安，不慍于怨；
> 众人有怨，我行无怨。
> 我生已安，不患于病；
> 众人有病，我行无病。
> 我生已安，不贪于求；
> 众人有求，我行无求。
> 〔Dh 197 – 199 佛护比丘（Bhikkhu Buddharakkhita）英译〕

## 正精进修习要点

- 虽然正精进很少被强调，但它是你心灵成长的根本。
- 正精进有四个部分：防止未生的恶法；断除已生的恶法；修习未生的善法；维持已生的善法。
- “结”是深植于心中，由欲贪生起的不善习气，将众生束缚在苦界中。十结分别是：有身见、疑、戒禁取见、欲贪、嗔恚、色贪、无色贪、慢、掉悔与无明。
- “盖”是强烈与粗显的结，你应以正精进来防止与断除五盖：贪欲、嗔恚、昏眠、掉悔与疑。
- 除盖的方法是：忽略它；转移注意力；以它的反面特质来取代此盖；规劝自己以及若一切都无效，就倾全力粉碎它。
- 除非被除灭，否则诸结只可能暂时被压制。结被念与定削弱；发展它们的对立面进一步削弱它们。当最后断除诸结时，将获得证果。
- 为了防止不善念生起，请保持正念。通过戒、随念、慧、安忍与精进，正念乃得以增长。
- 要断除已生的不善念，只要察觉它们即可。
- 若你无法迅速察觉不善念，它们就会壮大，此时你必须放下一切全力注意它们。试着思考它们造成的伤害，以及其引发因素的无常本质，或以善念取代它们。
- 当不善念消退时，通过思考善念的利益，以及积极创造慈爱、决意与安忍等念头，修习善念，使用一切你所知的方法去增长善法。

- 别迷失在修行的细节，而忘了宏观。永远确保你的修行，会实际带来更多的善法。
- 调整生活形态以帮助你维持善念，常提醒自己要亲近善知识与阅读佛典。
- 若正念不够强，你的心很快便会故态复萌。因此，必须反复勤勉精进，以保持能让你快乐的善思维。

# 第七章

# 正　念

正念是时时刻刻注意当下。因我们不自觉地透过被妄想限制与影响的思维模式，去认知自己与周遭世界，所以对现实的感知和随后的概念化认识都是零散与混乱的。正念教导我们，暂时中止一切概念、画面、价值判断、心理评论、意见与诠释。正念的心是准确、敏锐、平衡与不乱的，它就如一面镜子，毫不扭曲地反映一切前方之物。

觉者经常告诉弟子们要“系念面前”，所谓的“面前”就是指现在。这不只是说清楚觉知坐禅时的心理活动，更重要的是，清楚觉知我们每天每一个清醒时刻，所做的每个身体与心理的动作。换言之，就是活在当下。

现在变化得如此之快，以致我们对它的存在经常浑然不觉。心的每个刹那就像通过投影机的一系列画面，有些画面来自感官印象，有些来自过去的记忆或未来的幻想。正念帮助我们冻结画面，让我们得以如实觉知自己的感受与经验，摆脱由约定俗成的或个人习惯性的反应所带来的认知局限。

一旦学会不加评论地如实觉察正在发生的事，我们就可观察自己的感受与思想，而不受制于它们，亦不会被典型的反应牵着走。因此，正念给予防止、断除不善的思想与行为，以及修习与维持善法所需的时间。它帮助我们掌控自己的身、口、意行，不再任性而为。

此外，正念导致内观，清晰而不扭曲地如实"内见"事物。在经常修习下，包括正式禅修与日常生活中的活动，正念教导我们以内在的慧眼去看世界。慧是观的冠冕，打开慧眼是念的真正目的，因洞见实相是持久安稳与快乐的无上秘要。我们无须往自身之外去寻找，每个人都有本具的修慧能力。有个传说清楚地说明了这点：

> 曾有位天神想要掩藏一个重要的秘密——快乐的秘密。他先想到把秘密藏在海底，但随后对自己说："不！我不能把秘密藏在那里，人类非常聪明，他们一定会找到它。"
>
> 接着，他想到把秘密藏在山洞里，但他又自我否定："许多人前往山洞。不！不！人们也会在那里找到秘密。"
>
> 然后，他想到把秘密藏在高山上。但后来他想："人们近来很好奇，一定会有人去爬山，然后就会发现它。"
>
> 最后他想到完美的解决方法。"啊！我知道有个地方人们绝不会去看，我将把秘密藏在人类心中。"

这个天神把真谛藏在人类心中，现在让我们找出它吧！正念是不向外求的，它的目标是找出隐藏于内心与核心处的真谛。

根据觉者的看法，我们的心是本明的。在意识初生的每个刹那，它的火花是光亮的。然而，在未觉悟的心中，火花受到贪、嗔、痴的杂染所遮蔽，这些杂染障碍心的光明，使心陷入黑暗与痛苦中。

我们不能说心一直都是清净的，我们必须努力让它如此，必须净化这颗明亮之心，好让它尘尽光生。利用正念修慧，烧掉贪、嗔、痴的障碍，除掉愈多，心就愈自在、快乐与光明。正念也可防止杂染生起，因此深藏的快乐秘密就是这个真谛——快乐来自使用正念清除贪、嗔、痴，它就在自己心内。这个快乐的秘密，会在运用智慧去除层层杂染时显露出来。

正念如何带来智慧，而智慧又如何令我们去除障碍？当往内寻找快乐，试着了解快乐的真谛时，我们发觉并观察身心五蕴。当以正念观察时，我们会看见各蕴如何生、住、异、灭。

例如，我们小心呵护的这个美丽身体每一刻都在变化，在阅读这页时，身体的每个细胞、分子与亚原子微粒都在变化——成长、衰败或死亡。心脏在跳动；肺、肾、肝脏与脑都在执行自己的功能。身体各部分都在变化的同时，感受、认知、意识与心境也都在生与灭。当下的正念，让我们洞见这些变化——洞见遍存于万物的无常。

察觉诸行无常，让我们有机会看见变化所衍生的不圆满苦。例如，想起过去你曾有的一些美好感觉，现在这感觉能和以前完全相同吗？即使你能重新创造产生这美好感觉的条件，但能再次体会一模一样的感觉吗？了解到过去的美好经验已永远消失，令我们感到悲伤。随着认清诸法的消逝——身体、感觉，以及所爱的人与事，不只是每一刻，而是时时刻刻，我们深入洞见苦与不快乐的因，那就是执着不断相续变化的事物。

最后，正念让我们得以洞见包括自己在内的众生真实存在的方式。洞见无常与苦，帮助我们看清实相并非有别于自己的“外在”事物。反之，实相是我们对持续变化的世界——包括内在世界，以及透过感官所认知的世界——的持续变化的经验。

修习正念使世间的争夺显得可笑。我们不会在自己的手犯错时，切断自己的手。同样，把自己与异己者切割开来也是愚蠢的，因所有人都同样拥有不断变化与痛苦的本质。世间的争夺，就如一只手臂对抗另一只手臂，或右眼挑衅左眼。

我们发现，生命并非一个静态的实体，而是不断变化的动态之流。当寻找生命的意义时，我们只能找到这个变化。随着一再重返这个动态面向，我们会发现其中并无恒常的实体。我们内在并无一个可执着的恒常自我或灵魂，且别人内在也无任何可与之争吵的恒常自我或灵魂。

因此，正念让我们得以洞见三法印——无常、苦与无我。向内看，我们看见自己的色相正在如何地快速变化，且这些变化如何带来苦。我们看见自己如何强烈地希望别再有任何转世，不要变老、生病，或经历悲伤、绝望、沮丧。我们看见爱别离与怨憎会是如何令人痛苦，看见任何欲望——无论它多么微细或高贵——都会造成痛苦。我们看见即使是希望断除贪欲的欲望——虽然那对于进步是有益与必要的，也是痛苦的。最后，我们看见自我意识——我们如此强烈保护的个人身份认同，其实只是一种幻相，因我们是个过程，一个刹那更新的身体、感情与心理事件的相续流。

印度人说的三位神祇——创造神大梵、保护神毗湿奴与破坏神湿婆，便清楚地表明这个真谛。创造者是生起时刻，保护者是巅峰时刻，而破坏者是消灭时刻。每个时刻都有东西被创造，每个时刻都有东西存在，每个时刻都有东西消逝。没有静态的时刻，因没有任何事物可保持在同一刹那。这个循环不断地进行。

当我们了解这点时，便会允许感受、感觉与思想通过内心，而不会执着任何事物，无论它多么讨喜或美丽。当不悦、痛苦或难以忍受的状态浮现时，我们让它们通过，而不会感到沮丧，只是让事情发生，而不会尝试阻止它们，或屈服于它们，或尝试跑开。我们只是如实觉知事情。

我们不只用慧眼，还以每天的觉知，看见一切事物与众生皆依不断变化的因缘而存在。由于并无恒常的事物可执着，也无恒常的事物可憎恶，我们放松地进入完全安心与快乐之中。

## 四念处

正念是将我们的整个生活融入禅修，此处介绍的正念技巧建立在觉者对弟子们所说“四念处”〔《大念处经》（Maha－Satipatthana Sutta），D 22〕的基础上。在其中，觉者教导了许多禅修方法。他以“复次，诸比丘……”之语来展开每个方法的解释，借此指出这些观念都应付诸修行，并清楚道出凡以这些方式修习正念者，都一定会达到觉悟之乐。但他教导了许多方法，我们怎么可能全部修习呢?

只有那些不了解觉者的系统的人，才会对觉者所教导的多种技法感到气馁。事实上，修行契入每天遇到的各种活动。此外，觉者的系统基于他对于人心运作方式的深刻了解。

想想小婴儿，他可爱美好但也需索无度，需要食物、干净的尿布、新鲜空气与其他许多东西。婴儿的注意时间很短，好的父母会确保婴儿有好玩的玩具可供选择，以及有各种事情可做，以此让婴儿处于忙碌与兴奋的状态。心同样也需索无度，且我们的注意时间似乎和婴儿一样短暂。觉者了解这点，他给了我们一系列的事情做。我们从任何一个禅修主题开始：呼吸、感受、心的状态，以及一个盖或结，都无所谓。无论专注对象为何，都很快便会改变。心移到不善法时，我们赶快给它较好的东西，就如善巧的父母给幼童一个球，以拿走他所捡到的剪刀一般。心移到善法时，我们则鼓励它。

任何出现于心的事物，都能成为修习正念的对象。我们可用任何主题，进一步内观一切存在事物的三法印——无常、苦与无我。当我们正在想的事消退时，再把心转回原来的禅修对象。

你也许会问："若我的心不停留在最开始的禅修对象上呢?若我选择身体 32 个部分为禅修对象，但一小时后只能勉强关注到前五部分呢?"其实，若别的对象出现在心中，而你用它们来思维三法印，那又有什么问题呢?任何有助于你洞见实相的禅法都是好禅法。别期望心忠于这件事或那件事，它本来就是善变的，不时变换对象。

但切莫刻意变换对象，从选定专注的禅修对象开始，例如呼吸，然后只有在其他事物自动生起时，才转移到另一个对象。例如你正专注于呼吸，然后一个关于你皮肤健康的念头生起，那个念头通过后，心会抓住下一个呼吸。若心继续专注于皮肤，你便要进而思维皮肤的无常——它是多么脆弱，一直快速变化且会变得充满皱纹，你也思维执着皮肤是多么无用与痛苦，因无论如何它都会改变，愈执着便愈痛苦。你也思维皮肤的无我——没有一个“你”在那里面控制它。然后，你看着这些念头消失，也注意到正念觉知这些念头的观察功能本身也是无常的。当一切念头都消退，再无其他想法跃上心头时，让心重回呼吸。任何新的观念生起，都以同样的方式检视它们。以此方式修行，直到念头止息，心得到禅定为止。

觉者的许多禅修技巧，就如一个装满各种药品的药柜，你无法一次吞下所有药品，同样地，你也无法一次修完四念处。你从任何感觉好用的技巧开始，使用在观察或思维那个对象的过程中所生起的任何事物上。你的心现在也许显得散乱，但它会安定下来，当正念变得强大与敏锐时，心自然会开始观察更深刻的佛法观点。

四念处是：

- 身
- 受
- 心
- 法

我们从身，尤其是入出息念开始。修习入出息念会让你的身与心有一点时间可安定下来，然后当其他念处生起时，便能觉知它们。无论什么主题生起，确保你注意经验的无常、苦与无我，无论它们是色法还是心法。

## 身

到目前为止，我们只说了以呼吸为禅修对象，而它确实能让你一路到达圆满解脱。但其他对象也能拿来使用。传统上，我们说有四十种主要的禅修对象（四十业处），包括身体与其他部分。三个修身随念最有用的方法是：入出息念、身姿势念与身部分念。

### 1. 入出息念

觉者总是建议人们从入出息念开始修习观禅，呼吸是一直存在但又有变化，会自然吸引心注意的对象。心与呼吸合一时，你自然能把心集中在当下。你可注意呼吸接触鼻缘所生起的感受；或注意长入息与长出息；或注意呼吸长度改变时，气息比以前稍快进与出；或注意一串短呼吸被一个深呼吸截断；或注意肺部、腹部或下腹部的起伏。注意呼吸的这些面向使心持续处于当下。

以正念观察呼吸，也能教导你许多关于内心运作的事。吸气时，你经历少许平静；吐气时，又经历少许平静；吸气所得的平静被吐气打断，而吐气所得的平静又被吸气打断。若吐气之前屏住入息比平常稍久一点，以延长平静的感受，你会感到紧张；若再次吸气之前比平常等得稍久一点，以延长平静的感受，你也会感到紧张。等待比之前更长的入息与出息，甚至可能造成身体痛苦。

观察此事，你明白自己想要平静与纾解压力，且想避免吸气与吐气之前等待太久的不适。你明白自己希望呼吸循环过程中所经历的平静能持续久一点，而紧张能更快消失。因紧张不能如希望的那般快速消失，你感到烦恼。因此，只要通过观察呼吸，便可明白在“无常”的世界中，渴望“常久”的小欲望如何造成不快乐。此外，由于没有控制这个情况的自我实体，你对于平静与无紧张的欲求，永远不可能实现。然而，若你放松心观察呼吸，不渴望平静，并排斥紧张生起，就只是经历呼吸的无常、苦与无我，心便会变得安详与平静。

当修习入出息念时，心不会停留在呼吸的感受上。它会潜入欲境，诸如声音，以及如回忆、感情与认知等心境上。当经历其他欲境时，你应暂时忽略呼吸而专注于它们——一次一个。它们逐一消失后，在身心各种状态的快速或长途旅行之后，让心重回它的基地——呼吸。

每次心重回呼吸，它都带着更深入的无常、苦与无我的洞见回来。因此，心从如实观察这些事件得知，五蕴——色、受、想、行、识存在的目的，是为了得到更深入身心实相的洞见，并非为了让你执着它们而存在。

## 2. 身姿势念

身姿势念即以正念而行、立、坐、卧。你也许会纳闷：“那有什么好保持正念的？行时我行，立时我立，坐时我坐，卧时我卧，我知道自己在做什么。把心专注于行、立、坐、卧，能帮助我得到什么特别的知识与洞见呢？”当对身体姿势保持正念时，你看见身体动作一直在变化，甚至看似静止不动时也是如此。你的心脏搏动，身体散发热量，肺膨胀与收缩，对它们的无常保持觉知。你也许注意到对身体动作的控制只局限于外在，而无法遍及微细的内在身体动作，无法控制是令人沮丧的。明白这点，你就能深入身体的苦与无我的本质。

另外，可注意组成身体与你所接触事物的物质元素，例如，注意大地的沉重与坚实。看这些物质元素如何不断变化，注意你身体经验中的一切事物是多么无常。然而，如同于入出息念，别只专注于身体的变化。任何心理因素凸显时，把注意力转向它们。你身体动作所创造出来的受与想也一直在变化，注意它们的无常，若在行、立、坐、卧时察觉贪、嗔、痴或悲、慈、喜等念，看着它们生与灭。你无法创造或阻止色、受、想、行、识自动呈现的生与灭，你移动时记住这些事，注意一切经验的无常、苦与无我。在每个姿势与动作中，无论是接触门把、逛卖场还是躺着睡觉，持续深入五蕴的这些特色修观。

你可通过修习慢动作禅，来提升洞见五蕴特色的能力。

想象运动比赛的慢动作回放，当比赛动作以正常速度移动时，我们会遗漏许多微小细节，但在回放过程中，可清楚地看见运动员的大瓶颈或其他人的犯规。同样地，当缓慢移动时，如在慢行禅中，我们注意到许多构成动作的姿势变化——抬起脚跟，脚尖点地，牵引向前、移动、触地。

若你已专注于呼吸坐禅一阵子，决定要练习慢动作的行禅，可照以下步骤去做：

> 慢慢站起来，持续注意呼吸的过程。当你站着时，觉知身体感受与念头的变化。注意身体的每个部分都必须合作，你才能站起来。站立时，持续注意呼吸。
>
> 现在，吸气时，抬起一脚跟；吐气时，脚尖点地。接下来，吸气时，抬起整只脚向前移动；吐气时，缓慢放下并再次触地。再次，吸气时，抬起另一脚跟；吐气时，脚尖点地。吸气时，抬起整只脚向前移动；吐气时，缓慢放下并再次触地。

当以此正念方式行走时，注意呼吸，你开始看见在走路的过程中，身体从头到脚的每个部分如何变化、合作与一起运作。例如，你看见构成走路的身体动作是从心理动机开始的，看见抬脚、向前移动、放下它与触地的动机。动作与这些动机同时发生，两者非常快速地一起发生，因此没时间看清动作与思想之间的间隙。

当然，没有人会想到走路过程中的这些步骤。他们就只是走路！所有事情都在一瞬间发生。但当放慢脚步，并以正念观察每个动作时，你明白走路这件事必然得由许多不同动作一起配合。当走路的动机在心中生起时，能量被激发，它透过神经系统散布到全身，许多不同的神经细胞配合传递信息。许多其他身体构造实现所需的过程，肌肉收缩与延展，关节弯曲，其他复杂机制则维持平衡。

在这一切过程当中，你看见无常的明证。例如，你想抬起右脚，但当抬起它时，那个意图消失了，且抬起它时，抬脚之前的感受也消失了。当右脚尖点地时，你有一种感觉，当向前移动时，那个感觉消失，新的感觉生起。

你看见心也一直在变化，当重量均衡时，心会有一种舒适平衡的感觉。此时，随着重量的移动，那个感觉也随之改变，心等待另一个舒适时刻生起。但当下一个舒适平衡生起时，它也会消逝。每次从舒适变为不适，心都会感到失望，反复舒适与不适令你疲累。疲累是在反复变化的程序当中，缓慢累积而成的一种繁琐之苦。

注意走路的动作时，你也觉知变化不已的念流。走路时，你可能感到恐惧、不安全、紧张、忧虑、嗔恚、嫉妒或欲贪。这念头可能生起："此事进展顺利，希望每个人都注意到我做得多么好。"这些念头来自我慢或渴望被认可，你已学过如何处理它们。首先，你只是觉知它们，若它们持续，就运用坐禅时断除不善的方法。然后，通过断舍贪与嗔，以及生起慈、喜与舍修习善法。

采取步骤断除恶法永远都很重要。我记得有位年轻的禅修学生向我坦承，他在一位年轻女性身后行禅时发生的事。

在禅修结束之后，他到我这，伤心地说："师父，有个女孩走在我前面，在行禅最后阶段，我满脑子想的都是她光溜溜的身体，我无法不去想她。"几年后，我再度遇到这家伙。他的心依然混乱与放逸，由于无法运用方法断除阻碍他修行的不善法，他才没什么进展。

以正念行走，也可帮助你看清这个复杂的身体功能，并无一个恒常实体在背后操控它，没有你所谓的"自我"或"我"的独立事物，涉入你所做的一切，控制复杂的思想与动作程序。

走路怎么可能带来这个洞见？走路时，你以正念观察身体的姿势与动作，你也在感受、思想或各种意识心生起时觉知它们。每次"我在走路"的念头生起时，问你自己："这个'我'是什么？或'我'在身体内吗？"（注意：这些是抉择实相的客观问题，而非"我是谁"之类预设自我存在的起疑问题。）

对于这些问题，你找不到任何满意的答案。你的心告诉你，你的"我"是抬起右脚、引它向前并压它触地者，也是在每个时刻站立、呼吸、看见、听闻、思想、回忆、感觉与从事各种活动的"我"。这些动作与活动变化得如此迅速，以致你无法完全察觉它们。"我吸气"与"我走路"不同，也和"我看见"、"我记得"与"我感觉悲哀"不同，在这些活动中，你找不到一个"我"独立于你所做的事情之外。

你会开始明白，"我"只是我们用来方便指称不断变化经验之流的一个概念，它并非存在于身、心之内的个别独立实体。"我"的概念一天数变，视"我"所从事的活动而定，它自身连一分钟也不存在，只有在你想到它时才存在，当不想它时，它就不存在。因此，“我”和其他一切事物一样是因缘所生的。

因此，缓慢并正念地走路，可以是显示无常、苦与无我如何遍及一切时刻的完整禅法，同样的技巧也可运用在坐、立与卧的姿势上。当然，这并非普通的移动方式，它是我们用来修心的特殊技巧。重点不是只放慢身体动作，而是分析身、心协同产生姿势的方式，并看见身、心的无常、苦与无我。

专注于姿势时，我们有很好的机会去探讨内心的情况，看清贪欲、嗔恚、嫉妒或恐惧等心是否生起。心不分散时，比较容易看见这些事。一旦训练自己在行、立、坐、卧等各种禅修姿势上观察这些不善法，你便可对日常生活的一切活动都保持同样的警觉。

### 3. 身部分念

观察身体的各个部分，有助于终结你对身体可能有的任何错误概念。当在心里将身体拆解成许多部分时，你便能如实看见身体与它的各个部分。

我们通常不用这种分析的方式看身体，甚至也不会去想身体各部分，除非身体出状况或为病痛所苦时。觉者说此禅法所用的巴利语，即有“非道”或“不相应行”的意思。[①]

---

① 作者在此采用长音的解释（kayagata - sati = kaya - agata - sati，意即“身非道念”或“身不相应念”），但传统上采用短音的解释（kayagata - sati = kaya - gata - sati），译为“身至念”。

他借此指出行此禅法违反我们平常思考身体的方式。

通常，人们想到身体某些部分时会感到嫌恶，他们乐于持有身内这些部分并珍惜它们，但想到它们时却心生反感。有些人则执着身体某些部分，视它们为美丽与永恒的，或对自己的俊美、健康与强壮感到自豪。这个禅法有助于去除这些妄念，帮助我们如实观看身体，不排斥它，也不执着它。

觉者建议禅修者在心里将身体拆解为三十二个部分。其中，二十个为坚实的部分，十二个为液体部分。二十个坚实部分是头发、体毛、指甲、牙齿、皮肤、肉、筋、骨、髓、肾、心、肝、隔膜、脾、肺、肠、肠膜、胃中物、粪与脑。十二个液体部分是胆汁、痰、脓、血、汗、脂肪、泪、油脂、唾液、黏液、关节液（滑液）与尿。

另外，觉者列举了十个和火与风有关的身体过程。其中四个与火有关的身体过程是：消化食物之热、老化之热、身体的烧灼感（激动时）以及身体的温度。六个与风有关的过程是：打嗝（觉者称之为“上行风”）、放屁（“下行风”）、消化道之气、身体毛孔之气、吸气与吐气。

在某种程度上，这个禅法很像生物学家观看身体的方式。生物学家解剖动物，在它们的肝、肠外露时并不仓皇逃跑，而想看这个器官是什么以及它如何运作。科学的客观性，帮助生物学家就它们自然呈现的方式观察这些部分，没有情绪或浪漫的想法。修习这个禅法时，我们应培养同样冷静的心态。

练习这个禅法时，轮流将注意力集中在身体的各个部分，从最明显的部分开始。例如，当想到头发时，问自己：“我 5 岁时头发就像这样吗？”当然，答案是否定的。然后问自己是怎么一回事。你会立即了解，头发在变化，和身体其他部分如指甲、皮肤、牙齿等一样。禅修使你了解到，身体与它的各个部分都是不稳定的，一切事物都在变化，都是无常的，这是实相。

视身体为各个不断变化部分的组合，也有助于你断除贪结或对身体的执着。但并不至于让你在死亡之前就想抛弃身体！你还是想要保养身体，清洗它，包裹它，保护它，但可在不带我慢与妄执的情况下做这些事。你清楚觉知身体的衰变——它的力量在衰退，它在变丑，它的健康在退化，你看见全身都在发生变化，身体没有什么东西是恒常的，它无法被执着。

你不沮丧，而是在这个真谛面前变谦虚。身体无常的实相非常强大，气势凌人，势不可挡，以致你自愿臣服。你还能怎么做？你能逃离这个真谛吗？不！你只能选择接受它。因此，这个禅法也会帮助你断除相信自我恒存的慢结。此外，所有人都面对同样老、病与死的恐惧。看见这个情况的普遍性，有助于你断除个人的恐惧，并对别人的痛苦产生温柔的悲心。

再者，你获得比量智，即知道身体的任何部分都是不完美的、分离的，而不再与其他部分和谐运作，则身体功能会有异状。这个体悟，让你深入洞见诸法复合与相互依存的本质。

当比较自己与别人的身体时，你也看见对自己身体为真的事，对别人的身体亦为真。你的身体会变老、生病与衰弱，所有的身体都是如此。发生在你身上的荷尔蒙变化、伤害或其他情况，也同样发生在别人身上。因此，无论你的身体看起来多么美或丑、胖或瘦、多毛或无毛，都无关紧要，所有人的身体都会依同样的方式运作、变老、生病、衰退、死亡与腐烂。就这个角度而言，你和其他人完全没有差别，这个洞见会帮助你培养平等心，并慈悲地对待一切众生。

## 受

我们习惯这么想“我感觉……”而不了解感受是无我的现象，它们随刺激的因素而来与去。当我们了解各种感受与其运作方式时，便可通过放松与调整心态，来防止会导致非常痛苦与混乱的因素的滋生，而保持我们的心愉悦清明。但这仅仅是开始，当明白感受的真实本质时，我们就更能离欲，不会轻易被任何生起的感受所影响，这是断舍贪与嗔的练习。通过断舍，我们挖开痛苦的根本，并迈向究竟觉悟。

我们经常认为自己之外的人或情况，得为我们所感觉的事负责。然而，以正念观察感受教导我们，乐受与苦受并非来自感知的对象，而来自我们的心理状态或态度。只要回想不同的人观赏相同的电影，每个人对它都会有不同的感受，即可证明此事。因此，停止将自己的不幸归咎于别人或外在事件，且开始向内看，那才是我们真的有能力改变事物之处。这是觉者邀请我们“来，自己看”的意义。

当你逐渐熟悉感受时，也更容易比较自己与别人的感受。你注意到别人和你同样因环境而衍生出各种感受，别人的感受和你的一样会消逝。你从觉知感受所获得的知见名为“现观智”，而从比较你与别人感受所获得的知见名为“比量智”。虽然我们无从确知别人的感受如何，但比量智会帮助你获得更深入实相的洞见。

当我们记得一切众生都有感觉，他们都感受得到情感与身体的痛楚，都会承受饥寒之苦，并会感到悲伤与寂寞时，就比较不会自私，且不会执着自己的感觉才是对的，可耐心地聆听痛苦倾诉而不抱怨。当觉知一切众生都和我们有相同感受时，怎么可能还会去说或去做伤害别人的事呢？

每一刻整个痛苦的循环，都被心对感受的无明反应给催化。一切众生毫无例外都有感受，而无明众生则因对感受的反应而痛苦。感受由于体表接触外在世界，以及心接触境法而生起。因此，当在四念处的上下文中说“受”时，我们并不区别身体感受（“阳光感觉温暖”）与心理感受（“我感觉悲伤”），而交替使用“受”的这两个方面。

从神经细胞开始发展后，我们就有感受，甚至婴儿在子宫中便有感受。当母亲移动时，肚子里的婴儿也感受到移动；当她唱歌时，婴儿听得到并感到平静；当她生气时，婴儿感受到她的激动与紧张；当她笑时，婴儿则感受到她的喜悦。然而，我们无法召回这些感受，只能在当下体验它们。

此外，我们生活的每一方面——奋斗、成就、发明、工作与存活都依靠感受，欲求食物、衣服、药物、住所、性爱与身体舒适都依靠感受，人类因感受而发现、制造或发展许多事物。当感觉寒冷时，我们追求温暖；当感觉饥饿时，我们寻找食物。我们根据感受而生育，甚至思想也经常是从感受开始的。我们会合理化对某件事的情绪反应，并说：“我有充分的理由，对所发生的事感到愤怒。”

当感受是可喜的时，贪欲生起，你想要更多。当感受令你不悦时，你回报以厌恶，排斥它。当感受是中性的时，你则倾向以染污心忽略它。如我们已指出的贪、嗔与痴，或简言之，即贪是痛苦的来源。受随念是探索这个来源的良机，我们可从这源头去灭苦。

例如你原打算观察呼吸起伏，连同受、想、行、识达到40分钟，但约25分钟后，背部中央疼痛生起，于是把心转向疼痛。有时在提起正念观察后，这些小疼痛很快便会消失，但这次疼痛反而加剧，你的心转而对抗疼痛。

若你保持不动而观察疼痛，最后它达到顶峰后便会消退，当疼痛消退时，乐受生起。你可观察心执着那个乐受的方式，它想要更多，然后别种感受会取代乐受。在感受生与灭的过程中，你可能会察觉感受是多么短暂。乐受可能维持短暂快乐，但接着消退，它的消失带来苦受。苦受在持续时很痛，但当它消退时，舒缓的乐感则会生起。当你的心对这些感受失去兴趣时，便重新回去观察呼吸。

显然，修习受随念并无需特殊的坐禅，我们只要保持平常的正念禅修，观察感受的生与灭即可，就如观察念头的消逝一般。我们在日常生活中持续这个修行，无论是坐禅还是进行日常生活，只要有足以牵引心的感受生起，我们便检视它。

当觉知感受时，再也无须机械地回应它们，我们变得愈来愈善巧。若有乐受生起，我们能克制乐受的余习——贪欲；若苦受生起，我们能克制苦受的余习——嗔恚；若感受是中性的，则我们能认出那个事实，且不允许中性感受的愚痴余习蠢动。

觉者宣说感受的两大范畴——世间与出世间，世间受是带有某种程度贪、嗔、痴余习的感受，它无可避免地会在世俗生活的追逐过程中生起，例如享受欲乐、追求健康、寻找伴侣、追求地位或争取认同与权势。从这些活动生起的感受，总会引发一些贪、嗔、痴。

觉者一再警告弟子们，由于这些余习，世间追逐与世间感受是危险的，他劝导我们要觉知余习的危险，并断除它们。我们以正念让自己不被贪、嗔、痴牵着走，并通过观察它们，努力克制这些习气。我们以放松的心注意它们，不尝试强迫任何事，就只是放下。

当如此做时，我们会体验到出世间的感受，它们在追求心灵的解脱之道时生起。随着这些感受的出现，余习被完全镇伏或断除。每当超越一个世间感受，就有一个出世间感受留待我们去体验。

让我们来看看世间与出世间的乐受、苦受与不苦不乐受。世间乐受我们都很熟悉，感官欲乐带来丰富的世间乐受。例如美食、好看的电视节目或一辆闪亮的新车，通常都能唤起世间乐受。除非你的正念很强，否则身心快乐的感觉都会是世间的，因我们喜欢这些事物，且想要体验愈多愈好。

出世间乐受我们较不熟悉，它们只有在我们做与解脱道相应的事时才会生起。例如，从深刻禅定中所获得安稳与快乐的感受，或当我们顺利修习念处时的喜悦与平静感受，都是出世间感受。

当使用正念去放下如吃美食等世间乐受时，出世间感受便生起。请当心那些说能以正念去享受欲乐的人，这不是觉悟之道。觉者教导我们要以正念放下欲乐，并享受来自放下的出世间乐受。要放下，就得对这些欲乐的无常本质保持正念。我们就这样保持离欲，而离欲能引发出世间乐受。

每当放下一些贪、嗔、痴时，出世间乐受便会生起。事实上，我们遵循八正道所做的任何行为，都可能导致出世间乐受。随着正念的增长，我们愈常感受到出世间之乐。

想象你有一些非常执着的物品，例如已去世好友的遗物，每次看见这些物品，执着或悲伤的感觉就会生起，因而感到痛苦。当成功放下这些物品时，你会如释重负，此时那些感觉皆停止，你会放松并生起乐受。这就犹如你紧抓某样东西，抓得愈紧，手就愈痛，放开手就感到非常轻松。出世间乐受因你放下执着而生起。

苦受也可能是世间的或出世间的。世间苦受很容易衍生憎恶，例如当我们的企图心受阻时，比方当错过促销活动时，愤怒或怨恨的苦受可能生起。先前讨论过的对治嗔恚的方法，在这些世间苦受生起时会有帮助。

当修行佛道时，出世间苦受可能生起。例如你已真正了解佛法，很想让心解脱贪、嗔、痴；你已修禅、持净戒，并遵从一切指导，但觉得丝毫没有进步。你在此情况中所经历的挫折与痛苦感受，本质上是出世间的。

然而，不像别种苦受，这是善的，它并非出自贪、嗔、痴。你或许会问，例如："我到底是哪里错了？为何我无法获得别人所达到的预期成果？也许我漏掉了什么事，让我再从头开始尝试。"它变成实验与继续的动力。你的失望并不会导致愤怒，而是创造奋起精进的动力，它帮助你迈向解脱。

中性感受也可以分为世间的和出世间的。在世间追逐的环境中，一种迟缓不在乎的感受，充斥于没有高昂乐受或抑郁苦受的时刻。妄念可在这些中性感受中滋生，例如当中性感受生起时，若不正知，你可能会想："啊！这就是灵魂；当灵魂不受其他事物影响，于中性状态时，就是如此感受。"

当正念引导你看出名为"自我"或"灵魂"的东西一直在变化，一直受制于无常时，你获得的感受是中性的与出世间的。它是无偏、无私与无染的，你感觉灵活并乐于发现新知，不会落入此消彼长的感情旋涡中，既不贪求也不排斥，而是保持等舍与正念。你在那个状态中维持得愈久，正念就变得愈强。

让我们回想带着背部痛禅修的例子。起初是憎恶疼痛，然后是乐受与执着乐受，若持续观察感受，会发现它们一再地变化。最后，你洞见无常，放下执着与厌恶的反应。然后平等的舍受会生起，这个等舍的状态是出世间的中性状态。

要想修习受随念，当一个重要感受生起时，先注意这是世间感受还是出世间感受，然后觉知是要放下它还是追求它。

若有个出世间感受，则努力培养这个感受，注意那个感受生起的因，以便我们未来如法炮制。我们一再地找出会导致出世间感受的境况与行为，积极培养会产生这种感受的习惯。

若看见有个被贪、嗔、痴习气缠绕的世间感受，我们便奋起精进克服该感受的这些习气。我们非常警觉，不被从该受生起的不善法牵着走，以正念观察该世间感受，而不做反应，直到它消退为止。在这个过程中，我们可看见一切相关事物的无常，包括可爱（或不可爱）的对象、个人对此情况的看法、个人自身与个人相关享乐能力，以及感受自身短暂本质的无常。通过如此观察无常，我们便能放下。

当放下时，世间感受被出世间乐受取代，此时我们清楚觉知无贪、无嗔与无痴，然后心重回呼吸，也可继续观察出世间感受的变化。快乐生起，心静下来，变得平静与安稳，且快乐增长，它将导致更深层的禅定。

例如，假设某天我们早上醒来感觉悲伤，与其变得沮丧，不如找个安静的地方坐下来，闭上眼睛，然后花些时间观察悲伤，没有任何设想或忧虑，就只是全然注意这个痛苦。若你允许自己流连于悲伤的因，痛苦的感受就会持续较久。但若观察感受，你就会察觉悲伤的真相，然后学着减少贪、嗔、痴。当你接受每个感受瞬间发生的变化事实时，你被提醒，还好苦受也是无常的，出世间乐受生起，于是整个心情从悲伤转为平静、快乐与祥和。此时心是清明的，且能轻易得定。

假设某一天你感觉分外平静与喜悦，你如实观察这个出世间感受，它持续多久你便专注于它多久，但你并不尝试让这个感受常住。只要贪欲不生起，感受便会持续下去，甚至长达数日。当它开始消退时，你让它走。随着持续觉知感受，你了解到无法强迫乐受随自己的意愿停留。矛盾的是，你愈想保有乐受，它便消失得愈快。若只是看着感受的来与去，你的心将放松并变得更自在，你也将更容易保持心情平和。

当以正念观察任何感受时，它会达到顶峰并瓦解，然后会被其他感受取代，而这个感受也同样会达到顶峰并瓦解。若你从乐受开始，下一个感受可能是苦受、不苦不乐受或另一个乐受，你所经历的感受类型不断变换。感受类型之间的变换在刹那之间发生，感受群组——显著的乐、显著的苦或显著的不苦不乐受，分分秒秒都在变化；感受趋势则在时时、日日、月月之间变化。观察这些变化，让我们得以洞见自己的真实本质。

## 心

心随念是指观察各种心理状态的生与灭——心有贪或心无贪、心有嗔或心无嗔、心有痴或心无痴、心收缩或心广大[①]、心散乱或心集中、心有定或心无定、心有上或心无上[②]、心解脱或心不解脱[③]。你观察这些状态的出现与不出现，以及意识的出现与不出现。

把意识从心理状态与心理对象区分开来是不可能的，因为它们都一起生与灭。然而，当意识受到如贪、嗔、痴、昏沉或掉举等负面心理特质影响时，你可以察觉；当受到如布施、安忍或慈悲等正面特质所影响时，你也可以察觉。

你完全地注意每个心理状态的生起，且不让自己涉入或追随那个念头或感受，就只是观察每个状态或特质的生与灭。

---

① “心收缩”是指心被昏眠所压抑，当想睡觉时，心是收缩的；“心广大”是指心入于禅定。

② “心有上”是指心和欲界、色界有关；“心无上”是指心和无色界有关。

③ “心解脱”是指心刹那或暂时解脱烦恼，它是内观心或禅定心；“心不解脱”是指心未解脱烦恼。

这个生与灭是全部心的本质，每一瞬间——事实上，每一瞬间有许多次——心生、住与灭，它对于宇宙中任何生命的任何心都是如此。你愈观察一切心理特质的生与灭，就愈了解它们是多么善变。看见这个善变，你会获得“心”是无常法的观智。

因此，你愈专注于心本身，它就愈显得不实在，就如其他一切存在现象般，它一直在变化。此外，你发现没有一个恒存实体，没有一个在放映投影机的人，一切都是相续的、流动的，都是过程，其实你只不过是这个刹那变化的相续之流罢了。由于这个过程无法控制，你毫无选择地只能放下。在放下时，你感到喜悦，并瞬间尝到解脱与安乐的滋味，那是觉悟之道的目标，于是你知道此心可用来获得智慧。

## 法

法随念听起来很像是一种新的禅法，但它只是你已在做的修观的另一种描述方式而已。“法”（心理对象）是指念头，在此是指一切心识活动。“法”可分成好几类——“十结”、“五盖”、“五蕴”、“七觉支”与“四圣谛”，它们可能依任何顺序生起。

坐禅时，修习所选定的禅修对象，例如呼吸，你很快地便觉知任何生起的念头，如疑盖或五蕴之一，那个心理对象——念头——就成为心暂时的禅修对象。你只注意该心理对象并看着它消失，若它是不善念并持续存在，你要尽一切努力去除它。当心理对象消失时，你注意它具有无常、苦与无我的特色，然后重新把注意力转回到呼吸，或所选定的禅修对象上。当下一个念头生起时，你重复这个过程。

请注意！别预判禅修期间你会转向何种心理对象，也无须将生起的对象归类，心想："我正在观察一个结。"观察如喜悦之善法时，你尽一切努力维持此善法，但也持续观察这些状态的无常、苦与无我。

然而，一如前述，修习正念并不限于坐在蒲团上。无论哪一种姿势，或正在做什么，你都可觉知任何心理活动的生起。随着尝试每天维持正念不断，不善法发生的频率终将递减，而善法则将递增。由于迷失在负面思维的时间愈来愈少，你愈来愈容易现观心的活动。

当训练自己于多数清醒时刻保持正念时，某天就会发现你的正念既稳定又强大，心非常清明，你会看见所经历的一切事物如何契入四圣谛。当这发生时，四圣谛即成为你的禅修对象。你可以回顾第一章"正见"的"正见修习"小节观察四圣谛的例子。

当正念增长时，你自然会开始观察觉支——达到圣道目标所需的内心特质。为了成佛，觉者修行数世才圆满这些觉支。七觉支是念、择法、精进、喜、轻安、定与舍。你过去一直都在修习它们，当正念增长时，它们就会更上一层。传统上，七觉支是依生起的顺序呈现的，因每一支的进步都会导致下一支。

当正念既稳定又强大时，注意它的强度，它成为你的禅修对象。你知道自己正念分明，因此正念成为念的心理对象。

对正念的这个觉知，有助于色、受、想、行、识的经验。受此觉知鼓舞，你持续修习正念，正念是成佛之道上不可或缺的，它是菩提道的根本元素之一。最后，在经过许多努力之后，你的正念终于变得更深入、更清明与更强大，你知道自己的正念已安住，此时念已提升到觉支的层次。

依靠正念，你能抉择善法与不善法，能观察经验对象的特征，发现它们都具有无常、苦与无我的特色。在这些努力的过程中，你发展出抉择实相的习惯，依靠稳固的正念，想要客观抉择一切经验的善念生起。你清楚觉知此事之后，你的心理对象是抉择诸法。你增上正念的表现，就如手电筒在黑暗中照亮事物一般。

以强大的正念专注于所经验的对象，你抉择并看见现象的无常本质。那个对象消失时，另一个对象生起，揭露同样无常、苦与无我的真谛。当下一个经验生起时，你可能想："这一个将会是恒常的！"但强大抉择力告诉你那也是在变化的。当持续寻找真相，并发现一切经验都同样具有那三个特征时，你的抉择就成了觉支。

你抉择的一切事物持续揭露这个真谛，你热切地想多看一些，内心充满能量，此时你的正念强大，宛如水晶一般坚实透亮。过去你一直精进——修习正念、断除不善法、增长善法并努力完成每一道支，现在你的努力终于有了成果——精进觉支。

你感觉精力充沛，足以让心去从事任何工作，精进成为你正念的心理对象，希望这个精进心一再出现的善欲生起。现在有了强大的正念、强大的择法与强大的精进，你持续抉择心中生起的任何对象，一再地看见三法印。你愈精进洞见真谛，就愈高兴，甚至充满喜悦。你感到非常高兴，因你对实相不再迷惑。因此，喜觉支成为正念的新对象。

喜带来满足，满足带来快乐，乐带来平静与轻安，因此轻安生起成为觉支。由于持续在每个层面，在每个想象得到的经验上，看见相同的真谛，因此你感到很轻松。过去，心一直都如山顶上的旗子一般摆动不已；如今，不安已消失，安止来到，深刻有力的禅定生起。早先，你可能已有深刻强大的定，这是相同的。但现在心是成熟的，你可用这个定来达到圣果。因此，定成为觉支。

所有觉支都处于完全和谐的状态——念、择法、精进、喜、轻安与定，它们是平衡的，在这个阶段舍觉支接手。“舍”于非常客观稳定的状态，洞见一切生起的事物，从而净化其他各觉支。之前，总是会有些不切实际的微细欲贪。例如，你心想：“我希望这个美好的经验能持续。”这个微细欲贪在心处于等舍状态时会终止。

当无常很清楚时，你不会希望下一刻是恒常的。当事物不圆满的痛苦本质愈来愈清楚时，你不会希望下一刻是圆满的。当事物无自性、不可控制与无我的本质愈来愈清楚时，你不会期望下一刻是不同的。依据等舍，心对事物不会有丝毫不切实际的看法，心完全与真谛一致，这便是四圣谛接上七觉支的方式。你如实观苦，过去一直修习至今的圣道，你也能如实观。

每当这些觉支的各支不生起时，你清楚觉知此事。每当它们确实生起时，你清楚觉知此事并修习它们，直到达到圆满为止。当七觉支的每一支都臻圆满时，便达到涅槃、究竟快乐与安稳。我们可在此生之内达到这个目标，当达到时，一切痛苦皆止息；一切问题皆终止；一切不安、忧虑、恐惧与紧张都消失，再也不会回来；没有渴爱，也不会执取任何事物。我们活在完全和谐与平衡之中，所有感官都变得很敏锐。我们依然吃饭、喝水、谈话、走路，以及使用身与心，但完全正知与正念。我们的戒律不会让我们自以为高人一等，禅定不会让我们自赞毁他，智慧带给我们完全的慈、悲、喜、舍，我们永远不会再被生命的上下起伏所困扰。

第七章
正　念

## 正念修习要点

- 正念是时时注意当下。正念的心是准确的、敏锐的、平衡的与不乱的，它就如一面镜子，毫无扭曲地反映站在它前面的任何事物。
- 正念让你能深入洞见三法印——无常、苦与无我。
- 你可使用任何对象来提升正念，只要它有助于你获得三法印的观慧。
- 正念的深层目标是打开慧眼，因洞见实相的真实本质，是持久安稳与快乐的无上秘要。
- 四念处是身、受、心与法。
- 身随念的三根本法是入出息念、身姿势念与身部分念。
- 入出息念能帮助你学会专注，因呼吸是容易观察且一直存在的。
- 心气合一使心活在当下。呼吸也能当作心观察其他现象后可返回的基地。
- 缓慢与正念地走路，可以是揭露无常、苦与无我如何遍及一切瞬间的完整禅法。同样的禅法，可用在其他如坐、立与卧等姿势中。
- 整天维持身姿势念，训练心清楚看见五蕴的特征。
- 观察身体为三十二个不断变化部分的组合，让你明白身体是无常的，没什么可执着。
- 乐受与苦受皆来自我们的态度，因此我们可停止将自己的感觉归咎于别人。

- 痛苦的整个循环，是被内心对三种感受——贪着乐受、憎恶苦受，以及中性感受——有身见的无明反应所推动。
- 世间感受从世俗追逐中生起，且有贪、嗔、痴的余习。出世间感受从内观中生起，且无任何余习。
- 受随念是我们平时修观的一部分。由于看见感受的无常，我们学会断舍贪、嗔、痴的余习，并修习出世间感受。
- 觉者并未教导我们“正念地享受”欲乐，他教导以正念断舍对世间乐受的欲贪，并享受由此离欲而生的出世间乐受。
- 当修习心随念时，你注意心理状态的起伏，诸如心有贪或心无贪、心收缩或心广大等。
- 法随念，意指注意五盖、十结、五蕴、四圣谛与七觉支等的生与灭。
- 你可视觉支为修习正念的结果。当正念加深时，它们以此顺序生起——念、择法、精进、喜、轻安、定与舍。
- 当一切觉支都圆满时，我们达到涅槃、究竟快乐与安稳。我们可在此生之内达到这个目标。

# 第八章

# 正　定

正定是八正道中的最后一个重要步骤。当心安定、平静与专注时，阻碍我们快乐的诸盖就不会生起。此外，当坐禅时，我们能将定心集中于随意识生起的心理对象上。禅定帮助我们突破这些对象的表象，清楚认知它们的无常、苦与无我。有了正定，我们的禅修速度将加快，且能在佛道上快速前进。

通常，当我们说某人“定神”时，可能是指任何事，从沉迷于电视节目，沉思西洋棋赛，乃至密谋犯罪。但觉者教导的作为八圣道支的“禅定”有三个特色：它总是善的；它进入非常深而有力的一心（心一境性）层次；它配合正念以开发智慧。

这种禅定不会立即发生，它一如其他技巧必须按部就班地学习。心必须接受训练，可能得历经数次禅坐乃至数年禅修，才可能培养出善、一心与正念的禅定。一旦达到这种深定，我们必须一再地重复这个训练步骤，直到能轻松与随意地生起正定为止。

我们在开始时提过，找一位好老师指导修行很重要。当你开始修习禅定时，好老师能提供很大的帮助。当你尝试提升能力时，会生起许多问题。若找不到好老师，退而求其次的最好做法是，阅读相关主题的专业书籍。

此外，只要你继续处理日常生活琐事，心就很难有足够的平静来达到禅定。我们建议，安排出一段专门禅修的时间，例如一个星期的休假，参加密集的禅修闭关，可能是最好的开始方式。

## 善定

并非所有的定都是善的。想想猫作势欲扑，专心于它的猎物。猫有很强的专注力，但那不是善的，善的定心是没有贪、嗔、痴的。

在日常生活中，我们可能用很强的定力去解决数学问题，修理汽车引擎，或调制复杂的配方。这种定力若被诸如布施、慈或悲所推动，那它就可能是善的；但若它是出自贪欲、憎恶或残酷，那么它就是不善的。

包括五盖在内的不善法，出现在日常专注中的频率之高，远超出你的了解。例如，当你尝试解决数学问题时，可能太执着于要在考试中赢得好成绩；在修理汽车引擎时，可能害怕搞砸这份工作；在精心烹煮食物时，可能生气地想到会吃它的家人。觉者教导的禅定永远是远离诸盖的。

坐禅也是如此，若定建立在有盖障出现时，则它是不善的。例如，你可能达到一个有昏眠盖障的小定，可能是在半梦半醒的状态下有快乐的梦想。之后，你可能以为在禅修期间获得了很大的成就。这是妄想，不是善定。

在内心有憎恨时所修的定也是不善的。你不难分辨这种方式的禅修的不当之处，因你会感到紧张、忧虑或沉重。有些禅修者甚至可能因不顾恼怒或其他憎恶，强迫自己专注于禅修对象而感到头痛。你应一直修习正精进以去除这些障碍，并在继续之前创造一个善的心理状态。禅修时可能出现的最大错误是，花时间专注于内心的不满或其他不善念。当然，把正念的觉知带入这些状态是善的观禅。

因此，建立正定的第一步，是通过不被诸盖障碍内心来确保修行是善的。每次你意欲建立正定而打坐时，应遵循几个步骤：

- 在禅修期间，断舍对外境、观念、人物与习惯的一切执念，别想家人、朋友、亲戚、工作、收入、账单、投资、财产或责任。告诉自己："我选择利用这段非常特别的时间来改善自己，坐在这个蒲团上不是为了想那些我平常就在想的事。我应善用这段时间。"
- 别担心尚未做完的事，或已做错的事，或可能不小心冒犯了别人。提醒自己过去的已过去，做过的事不可能回头。
- 花几分钟修习慈念，让心感到愉快且较能专注，然后做三次深呼吸。
- 把心集中在你选定的禅修对象（例如呼吸）上。
- 把心保持在当下。
- 保持无间精进，使心集中。

- 若五盖中的任何一盖现前，用已学过的方法断除它。修习它的对立面善法，例如，若欲贪现前，就修习舍念，让心变得轻松且光明。
- 一旦断除盖障，就重新将心聚焦于选定的禅修对象（例如呼吸）上。
- 谨记这期间的目标是练习禅定技巧，此时不应太去观察经验的细节，而应保持正念，专注于主要的禅修对象。
- 每次建立起善定，它便会愈来愈容易，而你也应感到鼓舞。无论那个善定可能多么短暂或微弱，你都有所收获，你已斩断旧习，并改善内心。

当修习定心时，你应对所能达到的任何善定感到高兴。坐禅时，善定带来能量、一些稳定性，以及对修行的初发信心。喜则因为善定抑制五盖而生起。

即使在日常生活中，要想有好的道德生活，也需要某种程度的善定。善定帮助你聚焦于正面的身、口、意行，并远离恶行；让你能以平和的心态，客观地处理日常问题。反之亦然。修行善定成功与否，取决于戒律基础的坚强与否，当你的道德感增强时，定力也会随之增长。

我们迄今为止所谈的定，可名之为“平常的善定”，这种定相对较容易达成。但从“平常的善定”生起的洞见能转化生活，它令你远离不善的身、口、意行，对于有碍心解脱的事物皆不感兴趣。所以，觉者说善定是一切善法的先锋。

当觉者还是悉达多·乔达摩太子时，国王不让他看会鼓舞他朝心灵方向发展的事。当太子终于看见四个景象——老人、病弱者、尸体与出家修行者，那标示了他的转折点。深思这四件事，悉达多达到定的状态，观慧从痛苦的事实中生起。因此，他决心不返回父亲舒适安逸的宫殿，而要去寻求解决人类痛苦的方法。

同样的事也适用于我们。当我们以善定观察它们时，一般的日常事物也能触发心去更深入思维。可能从“平常的善定”生起的洞见，让你意识到待在痛苦轮回已够久，这正是展开你人生新页的时刻。你在生活中，对于痛苦有了新视野与知识，看见了追逐感官欲乐的盲点，洞见了物质欢乐满足表面下潜藏的紧张与悲哀，不再尝试将苦难合理化为乐事。

离苦的方法也愈来愈清晰。由于“平常的善定”帮助你看见觉者法音的真实性，你受激励去发展更深奥的定境，以便能达到更深的观慧。

## 禅定层次

可能导致最深证悟的深定被称为“禅定”或“禅那”（jhana）。禅定永远都是善的，且具有专一、不散乱的焦点。然而，请注意！禅定还不是正定，除非正念现前。有了禅定，你迈向觉悟的脚步将会加快。

我们所谈的“定”有非常特殊的意义。每次心专注于任何对象，无论多么微小，定都会生起。但通常我们只注意大画面，而忽略构成它的小点。例如在阅读的动作中，眼睛专注于一个字接着下一个字，一个词接着下一个词，然后它们把信息传给心。但我们并非逐字甚或逐词阅读，心的速度太快且专注力太强，以致我们是整行或整句地阅读。

若把过程放慢，我们就能觉知每一个小刹那定。修定的目标是保持觉知，好让定相续无间地流入每一个刹那心。然而，这个觉知阶段是困难的，刹那心如此微小，它几乎难以想象。

有人请觉者以例子说明刹那心，他回答无法举例，因不可能描述刹那的迅速与快捷。然而，假设有一个微小纤细的蜘蛛网，你拿蜡烛去烧它，烧掉蜘蛛网要多久？你可能还来不及靠近它就烧光了。他说在这么短的时间之内，有成千上万个刹那心生起、成熟与消灭。觉者以此说明心的变化之快简直不可思议。

每一个飞逝的刹那心都是由更短暂的三个刹那组成：生刹那、住刹那与灭刹那。灭刹那后，下一个刹那心立即生起，紧接着是它的住刹那与灭刹那，这三个更短的刹那构成一个完整的刹那心。平常的定只有生起些许刹那心，也许万亿分之一。一个很强的定心，可以往下一路看到每个刹那心的生、住与灭。一旦直接观察到每个刹那心的生与灭，我们就不会再怀疑诸行无常的真实性，且必须放下。所以，我们才需要一个完全的定心，以便看清足以达到觉悟的实相。

禅定有数个阶段或层次。事实上，禅定有八个阶段是尚未觉悟的人能达到的，且它们都可用来达到觉悟。然而，为了简化，我们将讨论局限在前四个阶段。

至少初禅是培养如实洞见事物之能力所必需的，达到接下来三个层次的每一个，都会让洞见实相变得更容易。在第二禅，定力因为少了寻、伺①的思考过程而大为增进。在第三禅，正念变得更加强大。在第四禅更是如此，它由于舍的出现而被完全净化。

## 初禅

为了达到初禅，你必须清除内心一切障碍且建立善定，然后必须备齐五个禅支——寻、伺、喜、乐与定（心一境性）。

在不同的环境中，这五禅支可能单独或合并生起。例如，每次嗔恨消失时，乐便生起。当睡意消退时，寻便可能生起。当不安与忧虑消退时，喜可能生起。每当有平常善定的刹那时，喜会由于无盖障而生起，而其他某些禅支也可能生起。

当五禅支的任何一支生起时，都会有美好的感觉，你可能以为自己是在天堂中。但这非凡的感受并非禅那，你也不能胡乱拼凑这些禅支而达到禅定，必须按部就班，遵循一定的程序才可能达到初禅。

方法是从平常善定开始，你在这状态下获得的喜会导致乐。喜与乐是不同的情感，喜在充满希望的乐之期待中生起，而乐则从希望实现的满足生起。下面有个比喻有助于区别喜与乐。

你走在沙漠上，又累又渴。然后看见有人走了过来，头

---

① 寻（vitakka）是将心投入或令它朝向所缘的心所；伺（vicāra）是保持心继续专注于所缘的心所。在禅修时，寻的特别作用是对治昏沉睡眠盖，伺则对治疑盖。寻如展翅起飞的鸟，伺则如展翅于天空翱翔的鸟。寻与伺的作用强，心可长时间安住于所缘，而达到初禅。在第二禅至第四禅中则无寻与伺。

发与衣服都湿漉漉的，你高兴地问："你怎么湿漉漉的呢？"

"我刚从那边的一个绿洲过来。"

你走向绿洲。当你初见水时，感觉喜，随着愈来愈近，喜愈来愈增长。你把头先浸入水中，喝完水，然后躺在岸边休息，感觉清凉与平静。"啊，好乐！乐即是如此。"

通常，人们将乐与兴奋混为一谈。例如，某人中了一个大奖，会通过亲吻、拥抱、尖叫、跳上跳下来表现兴奋。那人心想："我太快乐了！"但这感觉并非真正的快乐，那是兴奋。真正的快乐生起时，兴奋会消失，你会感到放松与平静。

真正的快乐会带来轻安，随着心安定下来，它自然会变得更专注。当专注加深时，你可通过以下的步骤修心，趋入禅那：

- 保持心稳定地集中于呼吸或其他禅修对象上。此时，其他对象如声音或念头生起时，别转而检视它们，放下一切出现的事物，并回到呼吸上。反复如此做，直到心对其他一切事物都失去兴趣，并待在禅修对象上为止。
- 最后，呼吸或其他选定的对象似乎消失，并被它记忆中的印象所取代。那个心理画面或感觉——被称为"似相"（nimitta）——成为新的禅修对象，你专注于此。
- 当那个心理画面也消失，且心专注于本身时，便已达到初禅。

这如何发生？当善定加深时，心逐渐对其他事物失去兴趣，并待在禅修对象上。当持续专注于这个对象时，它变得如此微细，以致你完全无法察觉。但在专注处，例如鼻尖，呼吸或其他禅修对象的记忆会继续延伸。这个记忆转变成被称为“似相”的非常愉悦的感觉，这似相可能以如灯光的视觉画面，或如轻触的其他感觉等方式呈现，它究竟如何呈现，往往因人而异。

然而，无论似相如何呈现，当修习它时，你便专注于它，每次禅修时都使用同样的画面。别告诉其他人你的似相，每个人的似相都不相同，你只会让别人迷惑而已。在开始修行时，禅修对象是入息与出息，现在你以似相为禅修对象。觉者劝导比丘们“练习、增上与固定”此相。〔A IV（Nines）IV. 4〕多练习达到似相几次，直到能完全控制它，只要想体验便能看到，直到能与心合一为止。

当似相初次出现在修行中时，它看起来是静态的，因此定可能基于它而生起。但当完全注意似相时，你开始看见它本身随时在变化。最后，一如其他所有因缘法，似相本身消逝。当似相也消失时，心除了它自己外并无专注对象，因此心开始专注于自身之内。此时，“寻”短暂发生，这是善的心一境性的开始。

当“寻”维持几秒时，“伺”可能生起，现在心稳定地待在禅修对象上。因为心不再到处游荡，更微妙的“喜”特质生起，然后紧接而来的是更微妙的“乐”。这四个禅支引发禅那，现在初禅的五支——寻、伺、喜、乐、定，成为一个整体一起运作。

人们经常问我："我如何知道我是否已达到初禅？"答案很简单：如前所述，只有当五禅支成为一体一起运作时，才能说你已达到初禅。想象在看一道彩虹，在发现它之前，你可能看见这里是红色，或看见那里是绿色或蓝色，或一些混合的色彩，它们可能是很美、很棒的颜色。但那不是彩虹，除非有阳光反射在云端，形成七色光谱，否则并无彩虹。同样地，除非因缘具足，且五禅支依次生起，否则没有初禅。

有些人以为定心是一片空白，他们想象禅修者的心是无感觉的，就如石头般停在那里。事实上，禅定心并非静态的，而是动态的。初禅心有下列几个动态特质：

- 舍，平衡的，不苦不乐受
- 轻安，不关心诸如政治或感情等世间俗事
- 一境性
- 触、受、想、行与生命力等心所
- 热忱、决断、精进与正知

内摄之心有强大与动态的力量，它如旋涡一般，不断地往内聚集更大的力量，并创造更强的涡流，这强大的力量被称为"集中力"（或"定力"）。例如，想想水力发电，当大量的水被强迫流经一个小洞，集中的水力强大到能推动足以照亮一个城市的涡轮机。当水不被往外集中时，它的力量便会向内凝聚。同样地，当没有促使心集中于外在或内在对象的因素时，它的力量就内聚到自己身上。此时心就如水一样被迫流经一个小洞，它的力量大到能在最微小、基本与亚原

子的身心层次上，直接观察无常。禅那便是这种将心集中于一点的善法。

这个动态集中和被“黏”在禅修对象上不同，后者是执着，会使心动摇。禅那并非心与对象的统一，而是心与自身的统一，对象只是达到目标的跳板而已。若心黏着在一个对象上，就不是善的，那是有贪定。很不幸地，这是某些禅修者所修的定，它无法带来解脱。

当第一次达到初禅时，你是如此充满喜与乐，以致这些正面状态感觉起来就如身体不可分割的一部分。它们就如盐彻底融入水一般，以致你再也无法将盐与水区分开来。同样地，当全身充满喜与乐时，你无法将身体的感官与那些感受区分开来，安详的感受强烈到你希望永远都待在这个定境之中。

## 第二禅

达到初禅之后，你最好别立即努力争取第二禅，这会是愚蠢与无益的心灵志向。在达到第二禅之前，你一定要令初禅圆满，若是太急，不只可能无法达到第二禅，甚至连初禅也无法再次获得。

觉者将这类操之过急的禅修者，比作一头还不熟悉自己的牧场就启程前往新牧场的奶牛。这头笨牛会迷失在山中，不只无食物与水，且找不到回家的路。这不是寻找新高点的时候，而是坚忍修心的时候。

因此，当达到初禅时，你应谨记达到它所遵循过的步骤，这是正念派上用场之处，它会帮助你记住获得初禅所遵循过的步骤。若定发生得很突然，根本未经过这些步骤，则你所体验的并非禅那。有些老师可能会宣称你已达到第几禅，你要亲自测试这个认可，别毫不考虑地就接受别人随口宣说的意见。

复习过这些步骤之后，接着应以正念决定再次达到初禅，决定在这个定境待久一点，并决定要何时结束禅定。做了这三个决定之后，你要遵循必要的步骤，并练习达到初禅许多次。

当一再地重复这个过程时，你对“寻”与“伺”失去兴趣，这个改变在一次禅坐或多次打坐中发生。例如，假设你达到初禅五十次，且逐渐丧失对“寻”与“伺”的兴趣，然后在第五十一次达成时，你完全跳过这两个禅支且不再注意它们，因你已对它们彻底丧失兴趣。此事发生的那一瞬间，这些禅支消失，你达到第二禅。

在第二禅中不再有寻思干扰心，而打断它的专一，剩下来的禅支是更强的心一境性、喜与乐。第二禅的喜与乐较和缓且更微妙，因它不再是建立在解脱盖障、感觉欢欣鼓舞的心上。从第二禅的成就也会生起新的净信——相信你继续进行的能力，相信这个方法，以及相信觉者的法音。定更加增上。

想象一个冷湖，其中的水源自地底涌出的泉水，新鲜的泉水混合该湖的冷水，彻底遍满与补充它。这个湖被洗净，却依然维持平静。就如泉水涌入湖中般，在第二禅从定而生的纯净喜、乐持续涌入心中。心如此舒服，且身体周遍盈溢着喜与乐。

## 第三禅

使用如同前面的程序，重复第二禅许多次。当初次达到第二禅时，你感到的喜是美好与清新的。然而，不断地重复让喜显得单调而非平静。逐渐地，你开始忽略它，当你忽略喜禅支时，它逐渐消退。喜从心消失的那一瞬间，你就达到了第三禅。

舍变得更强，定也是如此，这让正念更强与更稳定，你的心被更深与更微妙的乐所充满。试想一池睡莲只在水里生长，这些莲花生在水中，保持在水下，且从浅水得到养分，它们里里外外彻底浸润，每个细胞都饱含水分。同样地，在第三禅，你的身体完全浸润与充满着乐。在第二禅，有少量的活动或激动，犹如泉水涌入湖中，但在第三禅，你感觉不到有以身外的乐来补充自己的需要。你的妙乐有寂静的特质，因乐已完全融入身与心。

## 第四禅

如同前面，重复第三禅许多次，直到对乐也失去兴趣。当乐消退时，由于舍——完美情感平衡之不苦不乐受的出现，你的正念变得更加纯净，开始发现念与舍甚至比乐更平静。当完全放下乐时，你达到第四禅，在此，念被舍的力量所净化。你回想第三禅也有舍，但因尚未放下乐，舍还未强到足以净化念。

在第四禅，心是完全寂静、安宁与稳定的。因一切不善心都已被镇伏，心不受干扰，内心的纯净与清明遍布身体，就如一块柔软、清净的白布轻柔地裹着你。布如此清净与柔和，以致你几乎感觉不到它，但它使你免于受到虫、热、风、寒的伤害。同样地，当心是纯净的与清明的时，没有任何东西能动摇你，使你陷入贪着或憎恶，它维持平等一如。即使身体感到虫咬、感觉冷或热，心依然维持不动；即使有人拉你的袖子并和你说话，心忽略侵扰，维持于定与不散乱。

此时，你已获得真实的定力，心已统一，变得纯净、光明、解脱诸盖且稳定，它是温顺而不可动摇的，为了最重要的任务而变得强大与敏锐。当将此定心集中在一个禅修对象上时，你如实照见该对象。换言之，完美的定心可洞见事实的真实本质。

这第四禅如此令人愉悦，以致你可能希望浸淫其中好好享受，而不想把心导向内观。然而，若你只是“欣喜若狂”，而疏于探索运用定的方式，那就局限了它的能力。你的定还是善的，它并无任何过错，但若不善加运用定心，就如收到世上跑得最快的纯种赛马的礼物，却只是用它来在家附近骑乘独自享乐一般。禅那是非常宝贵的工具，你不能如此浪费。若禅定时运用正念洞见实相，则禅定能帮助你达到解脱。

## 正定修习

坐禅有三种善巧的做法。第一种是从努力达到禅那开始修，一旦达到禅那，便以它来修观，也就是利用禅定来内观色、受、想、行、识的无常、苦与无我。

第二种做法是从观禅开始坐禅。当开始观禅时，每当一个对象吸引你的注意时，便看着它直到它消失为止，观察它的无常、苦与无我，然后放松重新回到主要的专注对象（例如呼吸）上。每次回到呼吸，你的定都要加深。断除任何生起的盖障，会加深你的定。当如猴子般的心慢慢静下来时，对于平时会引起你注意的对象，你便会失去兴趣。这些对象慢慢从觉知中消退，终于似相生起，然后寻与伺，最后禅那以先前解释过的方式生起。在禅那中，你持续修观，观察色、受、想、行、识的无常、苦与无我。

第三种做法是从观禅或努力入定开始，并在两者之间来回变换。例如，从专注呼吸，并忽略其他对象，努力从入定开始。若定无法安立，挫折生起，接着便以修观来观察挫折感中的变化，当挫折消退时，你注意其他可能生起的盖障。一旦心安定下来，便重回更深的焦点，忽略其他对象的生起，再次努力达到禅那。因此，在这第三种做法中，定与念的表现犹如团队，逐渐加深你的定，并磨砺你的慧。终于有一天，当慧即将完成它观的能力，而定也近乎圆满时，两者合一。

因此，不论你如何开始禅修，只要善巧地运用念与定，终将达到止观双运。若你坐下来禅修，发现盖障很容易断除且心很平静，则最好从定修起。反之，若心奔驰不已，开始时很难安定，则不应尝试修习禅定，而应从内观修起，或在两者之间来回练习。是修观还是修定，取决于你心最初的稳定度。

不论你起初的做法为何，一旦禅定与正念结合起来，便可利用它们来断除前三结。你看见无我，因此舍弃恒常与不变自我的见解（断有身见）；你看见禁戒与仪式的无聊（断戒禁取见）；你比以前更清楚地看见四圣谛，因此对觉悟之道不再有任何疑惑（断疑）。断除这三结之后，你进入初果。

运用定心有点像使用激光去烧灼硬物，要有效地集中光束，必须使用眼睛。若你一直东张西望，将无法正确地集中光束，最后不是烧错东西，就是什么东西也没烧成。当然，若你未在一开始就打开激光，则没有东西会被烧灼，即使坐在那里看它一整天也没用！

在这个比喻中，眼睛就如你的智慧或观慧，激光就如入定时的心。慧与定一起运作，若无观慧，定的光束会乱照，或可能集中在错误的事物上。没有定的光束，慧眼也许看得见对象但无法烧灼它。我们想烧灼的东西是什么？那就是垢染、不善法，我们必须以智慧照见它，并以定心烧灼它。

因此，一旦建立起正定，你专注的对象是什么？你将善的心一境性集中在身心成分——色、受、想、行、识的不断变化上，注意这些成分的无常、苦与无我。当注意这些成分的任何一个时，你看见它们全部都一直在变化；看见因执着无常的乐受而造成的痛苦与无常之间的关联；看见凡是无常与受制于苦的事物，都是无我（无自性）的。

看见自己色、受、想、行、识是无常、苦与无我的，这是观禅的主要功能。当那个功能实现时，你将放下对组成身心之五蕴的执着，由于并无任何东西可执着，你因此达到解脱。

当禅修者在正念的引导下充分地修定时，可回溯内心事件、时间、思想与以前行为的画面，直到能掌握到现在持续变动的经验流与过去事件、时间、思想、行为的联结为止。那个联结是贪欲与无明。他们亲眼看见无常，对于无常事物的贪着，以及痛苦三者之间的关系。禅修者的观慧也看出一切向度中的不善法，以及它们如何生起与为何生起。一切不善法皆来自执着，这个执着可终止，终止它的方式是终止自己的贪欲。

透过这个了知，禅修者亲身体证一切事物都是无常的，执着任何无常的事物都会造成苦，以及一切存在的事物都无恒存实体。获得这三种了知，是觉悟的入口。

## 运用禅定

在觉者觉悟的那一夜，他并未在发展强大的禅定之后便忽略它，而是运用它。在一个雷霆万钧、充满爆发力的时刻，对于无常、苦与无我的三种体悟一起出现，觉者因此达到目标。

运用禅定的体悟是关键。经上说悉达多·乔达摩（觉者觉悟之前）以前的两位老师——阿罗逻迦罗摩（Alarakarama）与郁陀迦罗摩子（Uddaka Ramaputta），已达到禅那。然而，他们并未训练自己集中注意力在色、受、想、行、识上，以看见它们的真实本质，而是执着于禅定之乐，并认为这个乐受就是觉悟。

悉达多·乔达摩说他以前的老师具有和他一样的信心、精进、正念、禅定与智慧，他们的智慧和他的一样，这帮助他们了解盖障的危险，让他们知道必须断除它们。但和悉达多·乔达摩不同的是，这两位老师不了解自己只用定境来镇伏诸盖，而非断除它们，且未发现潜在的结使——束缚人类反复转生的力量，只有悉达多·乔达摩以禅定洞见了五盖与十结如何困住我们。

觉者所了解的是什么？你已学过，五盖——贪欲、嗔恚、昏眠、掉悔与疑——障碍禅那，因此，当修习禅定时，你排除它们。然而，从五盖衍生出来的结持续存在于潜意识中。不妨回想一下，十结是有身见、疑、戒禁取见、欲贪、嗔恚、色贪、无色贪、我慢、掉悔、无明，这些不善的内心习气在禅定期间持续潜伏着。由于潜在结使还以潜伏的形式存在，所以当出定时，诸盖会重返。当你希望重获相同层次的禅定时，必须再次排除盖障，但由于修心的缘故，你将更容易过关。

这犹如拭除从脏地板上扬起的灰尘，虽然几天前才擦过，但污垢会再次出现。地板表面的污点持续分裂，在足下粉碎，变成厚灰尘。要去除尘垢，你可擦拭整个地板，或以水喷洒地板，或倒几桶水下去变成泥地板。无论如何，灰尘都会重返。但若你挖开岩床去除一切沙尘，然后灌入混凝土，则灰尘与沙土都将不再成为问题。深入挖掘一切尘土，就如观禅断除盖与结，倒混凝土表示进入觉悟——让心稳固，不被世俗琐事动摇。一旦你完成此事，便无任何事物能动摇你的心。

悉达多·乔达摩的两位老师——阿罗逻迦罗摩与郁陀迦罗摩子的确有智慧，知道欲乐的危险与禅那的利益，因此他们暂时去除盖障，而达到禅那。然而，这些成就还不足以将他们从导致轮回的诸结中解脱出来，单靠禅定无法断结。要断除它们，必须结合禅那与正念、正知，否则你只会陷在禅定之乐中，就如悉达多·乔达摩的两位老师一样，故步自封。

觉者的智慧很特别，他不只以智慧看见欲乐的危险与禅那的利益，还以那个智慧超越禅那。他以智慧发现，在这个定境中所超越的盖障，只是更深、更强问题——结——的征兆。他看见结如何缠绕与困扰心，如何创造虚妄的事实，并推动痛苦的自我意识。在禅那的清净念中，他看见超越结的方法——洞见一切有为法的无常、苦与无我。当从存在的一切面向中看见这三法印时，你的贪、嗔、痴与诸结，都将永远消失。

## 别自欺！

当我们尝试在修行中运用觉者的方法时，必须小心别自欺。有些人说，当他们进入深定时，感觉不到任何东西，听不到任何东西，也没有任何思想。他们说自己已完全入定，甚至察觉不到时间的流逝。在闭关中，我经常看见这类禅修者就如小树被风吹动般来回摆动。突然陷入无感觉的状态，这不能称为“定”，那叫做“睡觉”！有些人甚至还打鼾。只要一响铃，这些禅修者便从“深定”出来，并说：“我修了很棒的禅定，今天我要设法达到第四禅。”

别自欺！这纯粹是妄想。若禅修者已达到任何一个阶段的禅那，睡意会被驱除，且心会拥有上述一切动态特质。禅那是步步为营达成的，你清楚察觉到那里所采取的步骤，因此之后可再次重复这些步骤。禅那逐步出现，且只有在它结合正念时，才可能驱使你沿正道，趋入菩提。

另外，别自以为禅定等同觉悟。觉悟没那么快，也没那么容易。你必须经过镇伏诸盖、得定、定慧等持摧毁诸盖与结的过程。无论你在定中坐多久，即使在最有力的禅定层次中也是如此，只要未断结，你连初果也达不到。

最后，别自以为单靠正念就足以觉悟，你不能说："我不在乎定或戒，我只想修习正念。"正念无法被抽离，或独立于其他圣道支之外。不修其余圣道支的人们经常发现，自己无法终止贪欲、嗔恚与愚痴，因此正念也修不好。

## 要忍耐

为了帮助观禅而努力获得禅定的人，有时会担心自己无法入定。别灰心！要达到禅那可能得花上好多年。若你的觉知练习是由正念所引导，则无论是否达到禅那，你都可以感到自足，别试图勉强它。每次禅修，你都能更接近禅定一点。要花多长时间，取决于你修习的频率有多高，以及其他道支修得有多好。

有时你可能禅定比较好，有时则正念比较好。若你过去曾达到禅那，但并未每天练习它，且未能完全精通，想再次达到它，就会有困难。若潜伏的盖障活跃起来，或你涉入不善行，则它更加显得不可能。在禅定更困难时，应只对内心的动态保持正念，别担心或在意自己无法入定。正念地观察正在发生的事，会磨砺你洞见实相的观慧。只要持续练习其他各道支，且不断尝试而不执着得定，你可相信正定终究会到来，并利用这强大的工具，你将获得究竟安乐。

## 正定修习要点

透过修习正定获得快乐的要点如下：

- 正定有三个特征：它是善的，进入一境性，它和正念一起运作。
- 觉者给我们提供了一个按部就班、逐步训练的方法，以达到正定。
- 善定是无贪、嗔、痴的定，它没有五盖。
- 要发展正定，得先通过断除诸盖来修习善定。专注于呼吸或其他选定的对象，而不观察可能出现的新对象。
- 在你修习善定一阵子之后，呼吸变得很微细且似乎消失。在鼻尖等专注处的呼吸记忆，转为名为“似相”的愉悦感觉。
- “一境性”是指在似相消失之后，心专注于本身。“心一境性”是禅支之一。
- 初禅的标记是寻、伺、喜、乐、定。它令人感到非常愉悦。
- 达到觉悟至少需要初禅。
- 一旦知道如何达到初禅，你必须决定再次达到它，决定将在此停留多久，以及决定何时要出定。
- 练习达到初禅许多次，直到精通它为止。
- 当达到初禅许多次，并对寻与伺丧失兴趣，通过忽略它们，而让伺消失时，第二禅生起。

- 当经常重复第二禅，使心对喜禅支失去兴趣时，第三禅出现。当喜消退时，乐被升华与加深，念与舍则变得更显著。
- 当你对乐丧失兴趣，且念被深舍净化时，第四禅生起。
- 在禅那中，心充满善与强大的动态特质，而非如石头般呆滞，或如睡着的人一般。
- 禅那给予修习观禅必需的特质与力量。
- 无论你在最强大的禅那层次维持多久，单靠那个并无法带来觉悟。要达到觉悟，你必须断除诸结。
- 你可视当日心的稳定度，从修定或修念开始坐禅，或可在两者之间来回变换。
- 无论你如何开始禅修，禅那与正念必须等持，以创造强大的内观。
- 强大的内观必须看见一切存在无常、苦与无我的本质，它让你看见贪欲在苦因上扮演的角色，并放下它。
- 单靠禅那或正念无法带来觉悟，觉悟只有在禅那结合正念，经由内观断除诸结时发生。
- 达到禅那可能得花上好几天或好几年，若它迟来，别气馁，也别试图勉强它。

# 结　语

# 觉者的承诺

区分觉悟之道为八个步骤，并非表示它们是垂直的阶梯，我们无须精通一个步骤才能移往下一个步骤，这条道路更像是螺旋状的。当你启程时，对所有八个步骤都有一定程度的了解，当持续练习时，这些步骤会在你心中变得愈来愈清晰，于是你前进到下一个阶段。

然而，有几个有用的方法，可帮助你将这条道路看作一个整体。有件事很清楚，那就是贪、嗔、痴是三个最强大的不善因素，且是一切苦难的源头。相对于它们的是三个最强大的正道面向——佛法的正见，断除贪、嗔、痴的正精进以及能断除那些状态的正念修行。这三个道支——正见、正精进与正念相辅相成，并一起运作帮助你在正道上前进。

要了解觉者的教导需要精进。不努力，不改变，只是理所当然地生活，且继续已成为舒适习惯的一切思想与行为形态，当然容易得多。但觉者教导我们，只要人们不了解真谛，就会假装自己没有问题，或因问题无法解决而感到绝望。

但你若精进，就会了解更多，正念可帮助你。事实上，若无正念，你将永远无法了解任何事！你可以精进，也可以努力，但若无正念，将永远无法在了解上取得进步。透过正念，你可了解苦、苦集起的因、苦灭以及灭苦之道的真谛。此外，当修习正念时，努力保持内心无贪、嗔、痴。因此修习正念需要精进，而正念与精进的结合可让心远离邪见。

觉者的其他圣道支也依赖这三支，正思维、正语、正业、正命与正定都可以在正见、正精进与正念的支持下修习。若无正见，你将不明白为何改善生命中的其他面向很重要。若无正精进，你将发现对前进目标不可能有正面改变。而正念是觉知与注意的最重要工具，它会帮助你对抗恶法，并趋入圆满。

另一个思维八圣道支如何一起运作的方法是，把它们区分为三组——戒、定、慧。每一组都把你推向下一个修行，且让你更全面了解圣道为一个整体。这如何运作？

第一组从一定程度的正见开始。例如，你了解贪欲如何造成苦，因此开始练习布施。你也了解嗔恨与残酷如何造成自己与别人的痛苦，因此决定修习慈与悲。布施、慈与悲这三种想法是正思维，你必须明智地培养这些善念。智慧从正见生起，因此正见与正思维被归为圣道的智慧面。

第二组从第一组衍生而来。当以智慧观察自己的生活时，你看见当以正面方式思考与行动时，是多么平静与快乐。智慧也帮助你了解所感受的苦是由自己的贪欲与执着造成，以及当消除这些苦因时，苦也随之终止，这个了解促使你改善外在行为的各个面向。由于看见妄语、两舌、恶口与绮语造成的痛苦，所以你应避免这类负面话语，并决定谦虚与中肯地说话。由于看见杀生、偷盗、饮酒与邪淫给身心带来的痛苦，因此你应避免这些负面行为。反之，你欣赏众生的生命，并尝试不伤害他们；你尊重别人的财产；你避免酒精，且约束性行为。由于你了解痛苦是由错误的生计所造成，因此会寻找善的方式来让生活支持你的修行。由正语、正业与正命构成的外在改变，被归为圣道的持戒面。

第三组是基于你了解的，单靠外在改变无法终止身心苦难。你看见行为始于思想，以及不善念本身造成的极大痛苦，因此尝试训练与调伏自己的心。当开始观察心时，你看见自己的动机虽然良善，但有害的贪、嗔、痴与疑念仍一再地在意识中生起。你进一步看见对抗这些心灵陷阱的唯一方法，是真诚与勤勉地努力避免负面思想形态，当它们真的生起时，断除它们，以及培养、维持正面思想。此外，你看见正念是外在与内在正面改变不可或缺的，少了禅定要发展正念并不容易，因禅定能帮助你如实看见事物。正精进、正念与正定被归为圣道的禅定面。

因此，你周而复始地修习八圣道支，每经一个循环，贪、嗔、痴都被削弱，且你对苦、集、灭、道等谛的了解都更深刻。无论从哪里展开圣道，道支皆环环相扣且相互支持。无论一开始你的正见程度如何，圣道的结果都相同——苦灭，以及最终究竟的安稳与快乐。

## 觉悟

有些人揶揄觉悟的观念。在讨论佛法的网络聊天室里，我曾看过人们使用贬义词，甚至含有愤怒与亵渎意味的字，来描述觉悟，也许他们对觉悟是什么有所误解。觉悟其实就是熄灭由贪、嗔、痴引燃的炽烈之苦，它可以一劳永逸地熄灭所有生、老、病、死、忧、悲、苦、恼之火。

揶揄觉悟者可能害怕当熄灭此火时，他们会落入失望的冰冷黑暗中，而无以维生。他们可能将这把痛苦的内在之火，与开启文明之火或电力之火混淆了，当迷惑的痛苦之火熄灭时，剩下来的并非漆黑冬夜的寒风。那不是阴森而了无生气的状态，完全不是！当贪、嗔、痴、生、老、病、死、忧、悲、苦、恼之火熄灭时，结果是全然安稳、平和、宁静，全然不可言传的快乐，此时心与感官是同时百分之百清明、纯净与充满能量的。觉悟是内在轻松、光明与温暖。

放下贪、嗔、痴等一切烦恼负担后，我们身心俱感轻快，而不太适应如此轻松的感觉。我们习惯有沉重的头、心与身，如此轻盈之心令人感到有点紧张，因我们害怕这个“轻”会让自己头昏眼花。我们的沉重、痛苦是如此熟悉，因此害怕放下之后会不知所措。

像这样的事就发生在我的一个朋友身上。他的工作使他必须调到另一个办事处，所以他搬到靠近繁忙火车站的一个公寓。当他最初搬到新公寓时，好几个晚上都睡不着觉，因火车与人潮的噪音熙来攘往。几年之后他调到另一个办事处，且再次搬家，新公寓非常安静。这一次，他又有好几个晚上都睡不着觉。他已变得非常习惯噪音与喧闹，实际上他需要它来放松与入睡！就像我的朋友一样，我们已习惯沉重与不舒服的内心习惯，因此害怕当它们消失时，我们会失去它们。

我们的情况也令我想起过去住在华盛顿特区时，曾在报上看到过的一个人物。这家伙因谋杀而被判终身监禁，因他在狱中表现良好，10 年之后获得假释资格。有一天，一位报社记者去采访他，记者对他说："你一定很高兴获得假释资格。""不，不！请别提假释。"此人略显激动地回答。他说狱中的生活很舒适，他享受看电视的特权，且监狱生活也没有外面生活的不安全感。但我自问，他真的已如此习惯监狱生活的暴力、无尽的限制，以及狱卒的专横了吗？难道他忘了住在监狱墙外的喜悦、呼吸新鲜空气的感觉、美丽的开阔空间、好食物，以及和其他自由人见面的自由了吗？难道他已如此执着里面的情况，以致自由反倒显得奇怪且无吸引力吗？

揶揄觉悟的人就如监狱里的那个人，他们执着既有的东西，他们习惯了不适并将其视作舒适而不愿离开，但他们不知道自己正失去什么。

觉悟不是你的欲求之物，它是你一切欲求终止时结束的状态。如觉者所说：

> 若到处有水，要井有何用？
> 渴爱根断时，汝复何所求？
> 〔(Ud VII. 9)爱尔兰英译〕

当知道自己正失去什么东西时，持续寻找它。当你应有尽有时，再也不会寻找，因你已达到究竟安稳、和谐，你满足于让其他所有人都活在安稳与和谐中。

在《大念处经》的结尾，觉者保证，若有人完全依照经文修习念处，则那人此生之内必可达到觉悟。若因某些微细结的阻碍而未能完全觉悟，则此人至少会成为“不来者”，达到第三果。（D 22）

觉者并非在暗示只需修行某些方面便可实现觉悟，觉悟需要你彻底修习戒、定、慧的每一个面向。此外，在做这个颇为令人惊讶的承诺时，觉者的意思并非随便偶尔修行，有时想到做一做就够了。他的意思是，要达到觉悟，你的修行必须具有无间投入、精进与坚忍的特色。要想获得禅定，你的精进必须有持戒清净做支持，定必须是善与一心的，修习这个强力的定，必须辅以同样强力的念。然后，在净戒与正定的支持下，解脱的智慧乃得生起。

有些人仍觉得觉者的话是不切实际的承诺。我不知他们有何根据。他们是否像有的人，因为自己讨厌脚湿，便怀疑别人能否游得像奥运游泳选手一样快？或因为自己一步也不愿跑，便怀疑别人能否跑完42.195公里的马拉松？当然，觉者的承诺对从未坐上蒲团或从未尝试观呼吸一分钟者来说，会显得不切实际！而它对于已坐禅许多年，却从未修习包含戒、定、慧在内的八正道者而言，可能也是空口无凭。

禅修需要认真持戒，你遵守禅戒并非为了感动别人，而是为了让心远离不善法所造成的痛苦。若你以玩票的心情修行佛道，那是行不通的。八正道不是你学过之后，在需要时才拿出来用的东西……不妨这样想，你确实只在需要时使用八正道，但你生命中的每个时刻都需要它们。

然而，并非只有当你对八正道所持正念相当完整时才能开始修行。若正念偏离了，别担心，只要尽快觉知不正念即可。你的起步成功与否，取决于你随时维持正念的强烈意图，而非你的实际表现。当你一直提醒自己保持正念时，偏离会愈来愈少，直到圣道的正念变成自动自发为止。若你像那样精进，将会快速进步，此时你将会是觉者做出承诺时心系的那种学生。

## “来，自己看！”

本书只提供遵循八正道的关键指导。当你的修行加深时，若一再回头参考，会发现它无论在任何了解层面上都是有用的指导。但它并未解释你需要知道的关于佛法、修行、亲身体验以及最终成果在内的一切要点。不同的人有不同的背景、教育、直觉、对佛法的了解，以及心灵成长的程度。此外，明天会有的问题将和今天的大不相同。

即使是觉者也无法用一篇开示来涵盖所有人的每个迫切需求，所以他才给了数千个佛法教诫。本书所呈现的是这些教诫的摘要，以及其中最重要观点的一些解释，其他的你将透过修行加以补足。当下，就是你的老师，把它转化为自己的个人实验室。专注、抉择，你便可靠自己的力量产生智慧，通过追求善巧之事而办到这点。

一位颇为多疑的听众要求觉者告诉他，当已听过许多圣者都宣称自己拥有一切真理时，他为何应相信觉者。觉者回答，你不应只是因某人在某处说某件事是真实的就相信，诸如传闻、文献报告、传承数代的传统信仰、受人尊敬的圣典、备受尊敬且可靠的老师的话，以及被你视为上师者的教导等来源都缺乏真实的保证。觉者说，不应基于信仰而接受这些事。

觉者接着说，真理也无法透过推理被揭露。他说，你不应只因为某事看似合理，或似乎让人更靠近目标，或迎合你的爱好，或在沉思推理后看似真实，就相信它。为什么？因为包括沉思推理在内，“法”仍有一个面向是所有这些事无法掌握的——那就是自己的经验。

觉者对我们应接受什么给了一个总标准，这个标准并非基于任何一种信仰或推理。他说当你考虑一个行动时，要基于经验而自问，这个行动对包括自己在内的任何人是否有害。若是有害的，那么它就是不善巧的，因此不应做。若是有益于包括你在内的所有人的，且被智者所认可，那么它就是善巧的，因此应做。〔A I（Threes） VII. 65〕

觉者之后详细阐述，一旦做了某个行为，你应重新检视它，自问：“那行为实际上进行得有多好？它真的是善巧的吗?”若不是，则你“以泪眼收成”，未来应避免这样的行为。若它是善巧的，则你“以笑颜收成”，应反复做这样的行为。（Dh 67－68）若你密切注意，并诚实面对觉知为真实的事，无须相信任何人所说的任何事，你开始选择增长清净与智慧，并增进快乐的行为。只有你才握有自己的解脱之钥，这把钥匙是你愿意向内看，并决定什么行为是善巧的，以及能带来快乐的结果。

你想要见法吗？观察自己的经验，以经验为镜去观照法，世上一切无我的形态都在那里。在日复一日的生活与时时刻刻的存在中看那里，你便看遍一切——因与果；在每个层面不断变化流动所揭露的无常；凡有执着便有痛苦；无论如何努力尝试追踪，都找不到有自我存在其中。

你想认识经验吗？观察“法”。在那里你看见构成“你”的一切无我元素与形态，你也看见自己所经历的，本质上和其他众生所经历的都相同。“法”无所不在。举例来说，甚至观察虫子在水盆里挣扎，都能激发你对与众生共同拥有死亡怖畏的实相内观。整个“法”呈现在生命的每个经验、每个时刻、每一天当中，它就在那里等着被看见，无须盲目信仰或理论推求。从这种严格的观察中，你获得修行的信心，并在觉悟之道上勇往直前。

除非你已非常熟悉圣道，并在自己的经验中见法，否则从本书中获得的知识仍是理论性的。若我向上指北极星，你可能盯着我感到纳闷：“为何他那样指？他是否应指这里？或也许应指那里？”你如何对从未仰望过夜空的人解释一颗星？除非把头倾斜到足以看见星星的程度，然后遵从指示检视天空，直到设法找出北极星为止，否则你心中始终会有疑惑，这个疑惑会衍生各种问题。但当你目睹北极星，并亲自观察以它为中心的其他星体运行方式时，将不会再有这类疑惑。

同样地，除非亲眼看到目标，否则你对圣道、教法、自己的修行，以及为何在书中这么说，一直都会有许多问题。若涅槃为非经验的，语言怎么可能解释涅槃像什么呢？经验透过感官发生，无论我们用什么标签去描述非经验的状态都是误导，因它们都是建立在感官体验上的。我们只需一路遵循八圣道支到底，并亲自见证即可。

## 结 语
## 佛陀的承诺

你曾尝试为猫指点吗？你愈指点，猫就愈会想嗅你的手指，它永远看不出手指的范围。若你看完本书并说：“就只有这些吗？最高真理在哪里？我对此一无所获。”则你就像那只猫。请跳出本书的文字看到它指向之处。以觉者所建议的行动，促使自己找到另一种了解方式。路得自己去走，当逐步增长身、口、意的善巧时，圣道即散布于你生命的一切经验中。

当已善巧与彻底地遵循净心的步骤时，你终将洞见诸行无常，执着无常法导致痛苦，以及受制于无常与苦的诸法皆无自性的真谛，进而明白贪欲如何导致一切痛苦的经验。那一刻你亲自见证，一切的问题都将消失。

若你不相信本书所说的较大目标，没关系，它对你也许依然有用，你只要利用本书，持续对自身经验发问，尝试从发生在身上的每件事学到一些东西。觉者经常说：“来，看！”他的意思是：来！向内观察自己的身与心，以洞见真谛——法。你无法在别处找到它。